Bankei Etaku

Das Zen des ungeborenen Buddha-Geistes

Angkor Verlag

„Zweihundert Jahre lang ist das Zen in unserem Land nun vom wahren Dharma geschieden, so dass keine klarsichtigen Lehrer mehr übrig sind. Es gibt viele Leute in der Welt des Zen, doch keiner davon ist in der Lage, meine eigene gegenwärtige Erfahrung der Erleuchtung zu bestätigen."

(Daigu Sôchiku, 1584-1669)

Bibliografische Information der Deutschen Bibliothek: Die Deutsche Bibliothek verzeichnet diese Publikation in der Deutschen Nationalbibliografie; detaillierte bibliografische Daten sind im Internet über http://dnb.ddb.de abrufbar.

Das Zen des ungeborenen Buddha-Geistes./Bankei Etaku. Deutsch von Guido Keller und Taro Yamada. – Frankfurt: Angkor Verlag 2019.

Coverabbildung: iStock/Elinalee
Lektorat: Susanne König
Website: www.angkor-verlag.de
Printed in Germany

ISBN: 978-3-943839-51-7 (Ebook: 978-3-943839-53-1)

Inhalt

„Der ungeborene Buddha-Geist ist nichts, was ich von meinem Lehrer gelernt hätte. Dieses Ungeborene habe ich selbst entdeckt."

Bankei Eitaku [Yôtaku 盤珪永琢, 1622–1693] ist einer der populärsten japanischen Zen-Meister der Rinzai-Schule. Mit 23 Jahren erlebte er den Durchbruch zur Erleuchtung. Seine Lehre übermittelte er vor allem in Reden und Gesprächen, die allgemein verständlich waren und viele Menschen erreichten. Im Mittelpunkt steht darin das „Ungeborene", die Buddha-Natur oder der Buddha-Geist, in dem es stets zu verweilen gelte, um nicht in dualistische Ansichten und Streitereien abzugleiten. Gedanken und Gefühle solle man einfach entstehen und vergehen lassen, schlechte Angewohnheiten *(kiguse)* und Selbstzentriertheit *(mi no hiiki)* loslassen. Zuweilen wird das darauf folgende Verhalten als natürliche Spontaneität bezeichnet. Bankei sah seine Lehre mit der Linjis (Rinzais) als identisch an, lehnte aber das Kôan-Studium weitgehend ab, wofür er später von Hakuin kritisiert wurde. Bankei legte Wert auf die unmittelbare Erfahrung des Einzelnen, nicht auf Rituale und Formelles, ja nicht einmal aufs Zazen. Seine Lehrmethode bestand auch darin, die persönlichen Anliegen seiner Zuhörer zu kommentieren (jap. *mi no ue no hihan*).

Bankei verlor mit zehn Jahren seinen Vater. Er wehrte sich gegen den Kalligrafie-Unterricht in der Schule und soll, von seinem älteren Bruder heftig getadelt, in Selbstmordabsicht giftige Spinnen geschluckt haben. Nachdem dies misslungen war, lernte er zunächst den Konfuzianismus kennen. Sein religiöser Eifer machte ihn schon als Kind zum Hauslosen, der erst in einer Hütte lebte, dann mit fünfzehn Jahren in einem Shingon-Tempel Zuflucht fand. Als er ins Rinzai-Kloster

Zuiôji wechselte, wurde er dort vom Umpô Zenjô ordiniert. Mit neunzehn ging Bankei auf Wanderschaft durch die Gebiete um Kyoto und Osaka und auf die Insel Kyushu. Zeitweise soll er auch mit Bettlern unter der Gojô-Brücke in Kioto und beim Tenmangu-Schrein in Osaka gelebt haben. Da er auf keinen zufriedenstellenden Lehrer traf, kehrte er zunächst zu Umpô zurück, der ihm sagte, er müsse in sich selbst statt außerhalb suchen. Bankei errichtete sich eine Klause und zog sich zurück.

1653 starb Umpô, hatte aber seinem Nachfolger aufgetragen, Bankei zum Zen-Lehrer zu machen. Dieser erhielt schließlich auch die Dharma-Übertragung von Daozhe (jap. Dôsha), bevor dieser nach China zurückkehrte. 1672 wurde Bankei schließlich zum Abt des Myôshinji in Kioto ernannt und gewann zunehmend an Einfluss. Er lehrte hauptsächlich im Ryômonji, das ihm 1657 von einem Schulfreund gespendet worden war; dann im Nyohôji, das 1669 dank eines Lehnsherren entstand und zu dem Einsiedeleien in den Bergen gehörten, in denen Bankei mit anderen Schülern strengere Übungen vollzogen haben soll; desweiteren im Kôrinji, das ein Daimyô (Fürst) für Bankeis Mutter, die selbst Nonne war und Bankeis Lehre folgte, erbaut hatte. Posthum erhielt Bankei den Titel „Nationallehrer“ *(Kokushi)*, den nur sechs Meister der Myôshinji-Linie halten.

Einige autobiografische Angaben und die Beschreibung eines ersten Erwachens sowie des Einflusses von Daozhe im Sôfukuji (Nagasaki), der spätere und tiefere Erleuchtungserfahrungen Bankeis bestätigte, finden sich in den am Ende dieses Buches genannten Texten. Bei Bankeis schwerer Krankheit infolge seiner exzessiven meditativen Übungen handelte es sich wohl um die Schwindsucht.

I. Lehrreden und Dialoge

Der ungeborene Buddha-Geist

Als Zen-Meister Bankei, der Gründer des Ryômonji in der Provinz Bashû, ebendort eine Winterübungsperiode im dritten Jahr der Genroku-Ära (1690) leitete, waren da 1.683 Mönche im Tempelregister verzeichnet. Es nahmen nicht nur Anhänger des Sôtô und Rinzai teil, sondern auch der Schulen von Risshû, Shingon, Tendai, Jôdo-shû, Jôdo-shinshû und Nichiren, wobei sich Laien und Mönche mischten und um den Vortragssitz drängten. Man konnte den Eindruck gewinnen, der Meister sei wahrhaftig der gegenwärtige Lehrer von Menschen und Göttern.

Als er den Vortragssitz bestiegen hatte, wandte er sich mit folgenden Worten an die Versammlung: „Ich will euch davon erzählen, als ich jung war und die Erkenntnis über mich kam, dass der Geist ungeboren ist. Wobei ‚Geist' bereits etwas Zweitrangiges ist. Wenn ihr nämlich im Ungeborenen weilt, werdet ihr herausfinden, dass euch niemand irgendetwas sagen muss, ja dass ihr keine Lehre hören müsst. Da der Buddha-Geist (*busshin;* auch: Buddha-Natur) ungeboren *(fusho)* und wundersam erleuchtend *(reimei)* ist, wandelt er sich leicht in alles, was ihm begegnet. Da ich also den Laien hier nicht erzähle, sie sollten sich in diese verschiedenen Dinge verwandeln, die ihres Weges kommen, und ihren Buddha-Geist für Gedanken eintauschen, solltet auch ihr Mönche gut aufpassen."

Der Beweis

Der Meister sprach zur Versammlung: „Nicht einer unter euch hier ist unerleuchtet. Jeder hier ist ein Buddha. Hört also gut zu! Was ihr alle von Geburt an durch eure Eltern bekamt, ist allein der ungeborene Buddha-Geist. Nichts Anderes ist euch eingeboren. Dieser Buddha-Geist ist wirklich ungeboren und wundersam erleuchtend. Mittels dieses Ungeborenen wird alles vollkommen bewerkstelligt. Der Beweis für dieses Ungeborene, das alles vollkommen bewerkstelligt, ist folgender: Obwohl ihr nun alle meiner Rede lauscht und nicht bewusst irgendetwas anderes hören wollt, könnt ihr das Krächzen der Krähen, das Zwitschern der Spatzen und das Rasseln des Windes da draußen erkennen und voneinander unterscheiden. Ihr hört dies alles, ohne euch zu irren. Dies nennt man Hören mittels des Ungeborenen. So werden alle Dinge mittels des Ungeborenen vollkommen bewerkstelligt. Daraus könnt ihr schließen, dass alles Ungeborene und wundersam Erleuchtende der Buddha-Geist ist, und wenn ihr unmittelbar im ungeborenen Buddha-Geist verweilt, werdet ihr auf ewig zu lebendigen Tathâgata (höchst Erleuchtete). Wenn ihr dies verwirklicht habt, verweilt ihr von heute an im Buddha-Geist. Aus diesem Grund nennt man meine Lehre die ‚Schule des Buddha-Geistes'.

Wo ihr mir nun alle zuhört, verwechselt ihr dennoch nicht das Zwitschern eines Spatzen da draußen mit dem Krächzen einer Krähe, oder den Ton eines Gongs mit dem einer Trommel, eine Männer- mit einer Frauenstimme oder eine Erwachsenenstimme mit der eines Kindes. Ihr erkennt vielmehr alle Geräusche, die ihr hört, und unterscheidet sie fehlerlos dank des wundersam erleuchtenden Wirkens. Dies ist der Beweis für den ungeborenen Buddha-Geist, der wundersam erleuchtet.

Keiner hier wird wohl behaupten: ‚Ich habe das nur gehört, weil ich es bewusst versuchte.' Wer so etwas sagte, wäre ein Lügner. Da ihr euch fragt, was ich hier sage, seid ihr alle mir zugewendet und wollt nur meine Worte hören, nicht aber die verschiedenen Geräusche, die von draußen kommen. Wenn sie aber plötzlich auftauchen und ihr sie dennoch auseinanderhalten könnt, dann hört ihr mit dem ungeborenen Buddha-Geist. Niemand kann behaupten, er hätte diese Geräusche nur vernommen, weil er das im Voraus geplant hätte. Tatsächlich hört ihr mittels des Ungeborenen.

Jeder, der zur Erkenntnis kommt, dass das Ungeborene und wundersam Erleuchtende wahrhaftig der Buddha-Geist ist und im ungeborenen Buddha-Geist verweilt, ist für immer ein lebendiger Tathâgata. Selbst ‚Buddha' ist nur ein Wort, das man aufkommenden Phänomenen gegeben hat, also vom Standpunkt des Ungeborenen aus zweitrangig und nur am Rande von Interesse. Ein Mensch des Ungeborenen verweilt an der Quelle aller Buddhas. Das Ungeborene ist die Quelle und der Ausgangspunkt aller Dinge. Es gibt nichts Ursprünglicheres als das Ungeborene, nichts, was davor kam. Im Ungeborenen zu verweilen heißt also, an der Quelle aller Buddhas zu verweilen. Es ist etwas ganz Wertvolles. Da es im Ungeborenen kein ‚Vergehen' gibt, ist es unnötig, über das ‚Unvergängliche' zu sprechen. Darum rede ich nur vom Ungeborenen, nicht vom Unvergänglichen. Was nicht geschaffen wurde, kann nicht zerstört werden, also ist das Ungeborene offensichtlich unvergänglich.

In den Sutren taucht zuweilen der Ausdruck ‚ungeboren und unvergänglich' auf, doch es fehlt der eigentliche Beweis des Ungeborenen. Jeder wiederholt einfach nur die Phrase ‚ungeboren und unvergänglich', ohne jedoch das Ganze eindeutig und tief durchdrungen zu haben; so mangelt es am Verständnis des Ungeborenen.

Als ich sechsundzwanzig war, wurde mir zum ersten Mal klar, dass alle Dinge dank des Ungeborenen vollkommen bewerkstelligt sind. In den folgenden vierzig Jahren habe ich die Menschen mittels des tatsächlichen Beweises des Ungeborenen gelehrt, nämlich dass es der wundersam erleuchtende Buddha-Geist ist, den ihr von euren Eltern eingeboren bekamt. Ich war der erste, der dies lehrte. Ich bin sicher, dass niemand unter euch und auch niemand sonst von jemandem vor mir gehört hat, der den tatsächlichen Beweis fürs Ungeborene lehrte.

Wenn ihr im Ungeborenen verweilt, dann in der Quelle aller Dinge. Was die Buddhas der Vergangenheit erkannten war der ungeborene Buddha-Geist, und was die Buddhas in der Zukunft erkennen, ist dasselbe. Wir leben heute im Zeitalter des Verfalls des Buddhismus, doch wenn nur ein Mensch im Ungeborenen verweilt, bleibt die wahre Lehre für die Welt erhalten. Wenn ihr dies endgültig begreift, dann öffnet sich das Auge, das in den Geist der Menschen blickt. Darum nennt man meine Lehre auch ‚die klaräugige Schule'. Wenn dieses Auge, das andere Menschen durchschaut, sich manifestiert, hast du den Dharma vollständig verwirklicht. Wenn du dies erlangst, bist du ein wahrer Erbe meiner Lehre."

Die Gebote

Ein Meister der Risshû(Vinaya)-Schule fragte: „Befolgt Ihr denn die Gebote?"

Meister Bankei antwortete: „Was die Menschen Gebote nennen, war ursprünglich für verdorbene Mönche gemacht, die die üblichen Regeln brachen. Wer im ungeborenen Buddha-Geist verweilt, braucht keine Vorschriften. Die Gebote wurden gelehrt, um fühlenden Wesen zu helfen, nicht Buddhas. Was jeder von seinen Eltern eingeboren hat, das ist der ungeborene Buddha-Geist allein. Wenn du im ungeborenen Buddha-Geist verweilst, bist du hier und jetzt ein lebendiger Buddha, und ein solch lebendiger Buddha wird gewiss nichts Derartiges aushecken wie das Annehmen der Gebote, denn es gibt für ihn keine Gebote, die er annehmen könnte. So etwas ist nicht mit ungeborenem Buddha-Geist gemeint. Wenn du darin verweilst, kannst du die Gebote nicht übertreten. Vom Standpunkt des Ungeborenen sind also auch die Regeln zweitrangig und von geringem Interesse. Am Ort des Ungeborenen existiert so etwas wie Gebote nicht."

Wundergeschichten

Bankei sprach: „Ein gewisser Lehrer meinte zu mir: ‚Statt jeden Tag das Gleiche in deinen Predigten zu sagen, solltest du mal ein paar buddhistische Wundergeschichten einflechten und deine Zuhörer damit erfrischen.' Vielleicht hat er ja recht. Ich bin da zwar etwas stur, aber sollten sie den Menschen helfen können, kann ich mich wohl an ein, zwei solch alter Geschichten erinnern, wenn ich mich bemühe. Andererseits ist das, als würde man fühlenden Wesen Gift zu essen geben – und das kann ich gewiss nicht tun."

Die Worte der Alten

Bankei sagte: „Ich lehre die Zuhörer nicht, indem ich Worte der Buddhas und Patriarchen zitiere. Seit ich mich mit dem eigenen Selbst der Menschen beschäftige, so wie sie hier und jetzt vor mir sind, gibt es keinen Grund mehr, dazu noch die Worte der Alten zu wiederholen. Ich rede daher auch weder über Buddhismus noch über Zen."

Bankei sagte: „Bis ich dreißig war trug ich eine schlichte Robe. Dann riet mir mein Lehrer, den chinesischen Meister Daozhe Chaoyuan (jap. Dôsha Chôgen, gest. 1662) aufzusuchen, der kurz zuvor in Nagasaki eingetroffen war. Er sagte: ‚Bis jetzt bist du mit deiner schlichten Robe durchgekommen, aber nun, wo du einen wahren Chan-Mönch triffst, wird sie nicht mehr genügen. Auch um des Dharma willen solltest du von nun an eine angemessene Robe tragen und erst dann zu Daozhe gehen.'

So zog ich mir mit dreißig Jahren zum ersten Mal eine bessere Robe an und suchte Daozhe auf. Ich legte ihm sogleich mein Verständnis dar. Daozhe erfasste mich mit einem Blick und sagte: ‚Du hast Geburt und Tod überschritten.'

Unter den Zen-Lehrern jener Zeit war allein er in der Lage, meine Erleuchtungserfahrung auf diese bescheidene Art zu bestätigen. Ich war dennoch nicht ganz zufrieden. Im Rückblick muss ich sagen, dass ich heutzutage Daozhe nicht mehr annehmbar fände. Wenn er länger gelebt hätte, hätte ich wohl einen besseren Menschen aus ihm gemacht. Doch zu meinem Bedauern ist dieser unglückliche Kerl jung gestorben.

Als ich in Daozhes Gemeinschaft war, schickte diese eine Einladung nach China an Meister Yinyuan Longqi (jap. Ingen Ryûki, 1592-1673, Begründer der Obaku-Schule). Auch ich hatte dazu geraten. Als ich jedoch mit Daozhe in den Hafen von Nagasaki ging, um jenen Meister zu empfangen, sah ich in dem Augenblick, wo er aus dem Boot trat, dass Yingyuan kein Mensch des Ungeborenen war, und studierte nicht einen Tag bei ihm."

Die Sinnlosigkeit asketischer Mühsal

Bankei sagte: „Ihr alle hier seid jetzt so glücklich dran! Als ich jung war, gab es entweder keine erleuchteten Meister, oder ich traf sie einfach nicht. Da ich von Jugend auf ein Dickkopf war, erlitt ich unvorstellbare Not. Ich kann nicht vergessen, wie sinnlos all meine Anstrengungen waren. Ich musste durch Erfahrung lernen. Deshalb trete ich nun jeden Tag so vor euch und treibe euch an, damit ihr alle die vollkommene Verwirklichung des Dharma mit Leichtigkeit und ohne sinnlose Mühen erlangt. Ihr solltet euch für Glückspilze halten. Wo noch könntet ihr solch eine Gelegenheit erhalten?

Eigentlich wollte ich euch gar nicht davon erzählen, aber falls unter den jungen Menschen hier einer sich so abmüht wie ich damals und denkt, das gehöre dazu, wenn man die völlige Verwirklichung des Dharma erlangen will, dann wäre ich doch für diesen Irrtum verantwortlich. Hört gut zu, ihr jungen Leute! Ihr könnt den Dharma ohne die Nöte, die ich litt, verwirklichen. Vergesst das nicht, wenn ich euch nun von meinem Leben erzähle.

Mein Vater trug den Familiennamen Suga und stammte aus Shikoku; er war ein Rônin und Konfuzianer. Er ließ sich in dem Gebiet nieder, wo ich geboren wurde, starb aber, als ich noch ein kleines Kind war. Laut meiner Mutter war ich ein ungezogener Junge und als Anführer der anderen Kinder in der Nachbarschaft oft in Schwierigkeiten. Allerdings soll ich schon mit zwei, drei Jahren eine Angst vor dem Tod entwickelt haben. Wenn jemand angeblich im Sterben lag oder man mir von jemandes Tod erzählte, weinte ich, trocknete dann schnell meine Tränen und gab jede Missetat auf, in die ich gerade verstrickt war.

Als ich jung war, herrschte der Konfuzianismus vor, und meine Mutter schickte mich zu einem Lehrer, bei dem ich das ‚Große Lernen' *(Daxue)* durch lautes Vorlesen auswendig lernen musste. Als ich zu der Stelle kam: ‚Der Weg des Großen Lernens liegt im Erleuchten der strahlenden Tugend', verstand ich nicht, was dies für eine Tugend sei, und grübelte eine Weile darüber nach. Schließlich befragte ich einige konfuzianische Gelehrte: ‚Um was handelt es sich bei der strahlenden Tugend?' Doch keiner von ihnen wusste es. Dann sagte einer: ‚Zen-Mönche verstehen solch schwierige Dinge, also befrage mal einen von ihnen. Wir können zwar mit dem Mund endlos über die (konfuzianischen) Klassiker reden, doch was Einzelheiten wie die strahlende Tugend angeht, so wissen wir nichts zu sagen.'

So stand es also, doch weil keine Zen-Mönche in der Nähe waren, konnte ich keinen befragen. Ich beschloss, das Rätsel selbst zu lösen, um zumindest meiner betagten Mutter noch vor ihrem Tod erklären zu können, was es mit der strahlenden Tugend auf sich hatte. Verzweifelt eilte ich zu jeder Predigt und Lesung, egal wo sie stattfand, um mehr zu erfahren. Zuhause berichtete ich meiner Mutter dann von allem, was bedeutsam erschien, doch meine Frage zur strahlenden Tugend blieb unbeantwortet.

Endlich traf ich einen Zen-Meister. Er sagte: ‚Wenn du die strahlende Tugend begreifen willst, mache Zazen!' Daraufhin begann ich sofort mit der Sitzmeditation. Ich ging in die Berge und aß sieben oder gar zehn Tage lang nichts, raffte meine Robe und setzte mich an Klippen und mit meinem nackten Arsch auf spitze Felsen, entschlossen, bis zum bitteren Ende zu meditieren, selbst wenn es mich umbrächte. Ich weigerte mich, meinen Sitz zu verlassen, bevor ich zusammenbrach. Da ich niemanden um Essen bitten konnte, war ich oft tagelang ohne Nahrung. Doch mich kümmerte nur das Rätsel um die strahlende Tugend, der Hunger machte mir nichts. Dennoch blieb diese Frage offen.

Also kehrte ich in meine Heimat zurück, baute mir eine Hütte und begab mich dort in Klausur. Ich praktizierte die *Nembutsu*-Rezitation und legte mich zuweilen weder Tag noch Nacht nieder. Allerdings tat sich nichts, ich hatte bloß meinen Körper so gnadenlos behandelt, dass die Haut an meinem Hintern aufgerissen war und ich nur unter größten Schmerzen sitzen konnte. Wenn ich nun zurückschaue, war ich damals zwar in guter Verfassung, denn trotz dieser Umstände ruhte ich mich nicht einmal einen Tag lang aus. Ich musste freilich auf einem Bündel Sugihara-Papier sitzen, das ich unter mir ausbreitete und eins nach dem anderen ersetzte. Dennoch trat ständig Blut aus meinem Hintern aus, und aufgrund der Schmerzen musste ich dann Wattebäusche und ähnliches unter mich legen. Selbst unter diesen Umständen konnte ich einen ganzen Tag und eine ganze Nacht sitzen, ohne mich hinzulegen.

Die Anstrengung dieser Jahre setzte mir schließlich zu, und ich wurde ernsthaft krank. Mein Körper war schwach und ich hustete daumengroße Klumpen von blutigem Sputum ab, die zu Bällchen geformt davonrollten. Wenn ich an die Wand spuckte, war der Auswurf oft so heftig, dass er geradewegs herabrann. Man riet mir, mich auszuruhen, um wieder zu gesunden. Also zog ich mich in meine Hütte zurück und leistete mir einen Gehilfen. Doch allmählich verschlechterte sich mein Zustand, und sieben Tage lang konnte ich nichts herunterbringen als dünnen Reisschleim. Ich erkannte, dass ich mich an der Schwelle des Todes befand, und sagte mir, dass ich nichts mehr tun könne. Dabei bedauerte ich nur, dass ich mein langjähriges Anliegen nicht geklärt hatte.

Genau in diesem Moment hatte ich ein seltsames Gefühl im Hals, und als ich gegen die Wand spuckte, war mein Schleim zu einem schwarzen Klumpen geronnen. Danach fühlte sich das Innere meiner Brust seltsam erfrischt an, und da plötzlich erkannte ich: Alles wird vollkommen durch das Ungeborene bewerkstelligt, und weil ich dies bisher nicht verstanden hatte, habe ich mich nutzlos abgequält.

Ich fühlte mich nun klar und beschwingt, mein Appetit kehrte zurück, und ich trug meinem Gehilfen auf, mir Reisschleim zu machen. Dieser war überrascht über meine Verwandlung und bereitete so konfus den Reisschleim zu, dass dieser noch nicht richtig aufgekocht war. Doch mir machte das nichts aus, ich verschlang unbeschadet einige Schalen voll. Dann ging es mir allmählich besser, und ich lebte bis zum heutigen Tag. So also konnte ich meinen langgehegten Wunsch erfüllen und auch meiner Mutter noch vor ihrem Tod die Lösung darlegen.

Seit ich erkannt hatte, dass alles dank des Ungeborenen vollkommen bewerkstelligt ist, konnte mich nicht ein Mensch in diesem Land widerlegen. Ach, wenn doch, als ich mich verzweifelt abmühte, nur ein Erwachter mich gleich aufgeklärt hätte, so wie ich dies nun mit euch tue, dann wäre mir all diese Mühsal erspart geblieben! Doch weil da niemand war, trieb ich mich jenseits alles Erträglichen an. Darum bin ich noch heute ein kranker Mann und kann mich nicht so oft mit euch treffen, wie ich es wünsche.

Als ich mich fragte, mit wem ich darüber reden könnte, dass alles dank des Ungeborenen vollkommen bewerkstelligt ist, sagte mir mein Lehrer: ‚In Mino gibt es einen Meister namens Gudô [Toshoku, 1577-1661], der ein guter Kerl sein soll. Er könnte deine Erfahrung bestätigen, also besuche ihn mal.‘ Mit dieser Hoffnung machte ich mich auf, doch als ich in Mino ankam, erfuhr ich, dass der Meister in Edo weilte, und wir begegneten uns fortan nicht mehr.

Ich beschloss, wenigstens mit anderen Zen-Lehrern aus der Gegend zu sprechen, und sagte, wenn ich sie traf: ‚Ich bin ein Zen-Mönch aus der Provinz Banshû und komme hierher in der Hoffnung, Eure Lehre zu empfangen.‘ Wenn die Lehrer ihre Unterweisung gegeben hatten, erlaubte ich mir, selbst etwas anzumerken: ‚Ich weiß, dass dies unverschämt von mir ist, aber auch wenn ich dankbar für Eure Lehre bin, habe ich das Gefühl, etwas würde durch meinen Schuh hindurch eine juckende Stelle kratzen. Solange Ihr nicht hineingreift und kratzt, könnt ihr nicht an meine wahren Knochen und mein Mark herankommen, und die Dinge werden nicht durch und durch geklärt.‘

Da die Lehrer ehrlich waren, antworteten sie: ‚Es ist, wie du sagst, wir unterrichten zwar andere, erinnern uns aber bloß der Worte in den Sutren und Aufzeichnungen, und wir lehren, was die alten Meister sagten. So schändlich dies auch ist, wir haben selbst keine Erleuchtung verwirklicht, darum kommt unsere Lehre tatsächlich daher, als würden wir eine juckende Stelle durch einen Schuh hindurch kratzen. Da du uns durchschaust, kannst du kein gewöhnlicher Mensch sein.‘

Ich kehrte also nach Hause zurück, ohne dass jemand meine Erfahrung bestätigt hatte. Dann begab ich mich in Klausur und bedachte, wie ich den Bedürfnissen der Menschen entgegenkommen und meine Lehre präsentieren könnte, um sie zu erretten. Ich hörte, dass der Zen-Priester Daozhe aus China in Nagasaki eingetroffen war. Auf Geheiß meines Lehrers traf ich ihn und erzählte ihm von meiner Erkenntnis. Er sagte: ‚Du bist ein Mensch, der Geburt und Tod überschritten hat!‘ Nur von Daozhe erhielt ich also eine kleine Bestätigung meiner Erleuchtung. Es war damals schwierig, jemanden zu finden, der mit Gewissheit meine Erfahrung einschätzen konnte, und das bereitete mir Unbehagen. Wenn ich daran denke, wie es mir erging, will ich euch dies ersparen und trete darum jeden Tag vor euch, so kränklich ich auch bin. Wenn hier also einer ist, der Erleuchtung erfahren hat, dann trete er vor, denn ich bin nur deshalb hier, um diese zu bezeugen. Wenn es aber niemanden gibt, der bereits verstanden hat, dann hört mir zu und begreift endgültig.

Nehmt einmal an, zehn Millionen Menschen kämen zusammen und würden übereinstimmend behaupten, eine Krähe sei ein Reiher. Eine Krähe ist schwarz, ohne dass man sie färben müsste, ein Reiher jedoch weiß, das wissen wir aus eigener Anschauung. Also würdet ihr doch selbst dann, wenn sogar jeder im Land behaupten würde, eine Krähe sei ein Reiher, nicht darauf hereinfallen, sondern euch eurer Sache sicher sein. Dies bedeutet, eindeutige Erkenntnis zu haben. Versteht endgültig, dass das Ungeborene der Buddha-Geist ist und der Buddha-Geist ungeboren und wundersam erleuchtend, und alles wird vollkommen durch das Ungeborene bewerkstelligt sein, so dass euch niemand mehr täuschen kann. Was auch immer man euch erzählt, ihr werdet die Täuschungen der anderen nicht akzeptieren.

Als ich jung war und die wahre Lehre des Ungeborenen verbreitete, verstand zunächst niemand. Die Leute hielten mich wohl für einen Ketzer oder Christen und bekamen Angst vor mir. Doch mit der Zeit erkannten sie, dass ich den wahren Dharma lehrte und sie sich irrten. Nun kann ich mich kaum vor Zuhörern retten, die meine Lehre hören wollen.

Da ich in den vierzig Jahren, die ich hier verbrachte, immer wieder diese wahre Lehre des Ungeborenen verbreitete, hat diese Gegend viele Menschen hervorgebracht, die buddhistischen Lehrern überlegen sind. Auch ihr, die ihr alle den weiten

Weg hierher gekommen seid, sollt zur Belohnung mit der Erfahrung der vollständigen Verwirklichung des Dharma nach Hause zurückkehren, indem ihr durch und durch das Prinzip des Ungeborenen erkennt, ohne es durch Gedanken zu ersetzen."

Das von den Eltern Eingeborene

Bankei sprach: „Was jeder von seinen Eltern eingeboren bekommt ist der Buddha-Geist allein. Doch weil eure Eltern selbst dies nicht erkennen, werdet auch ihr verwirrt und erzieht in dieser Verwirrung wiederum eure eigenen Kinder. Sogar die Kindermädchen verlieren die Fassung, und alle, die an der Kindererziehung beteiligt sind, zeigen verschiedene Arten verwirrten Verhaltens wie Dummheit, Begierden und die Wut kämpfender Dämonen. So müssen auch die Kinder schlechte Angewohnheiten entwickeln und zu unerwachten Wesen werden. Ursprünglich seid ihr bei der Geburt ohne Täuschung, doch aufgrund der Fehler der Erzieher wird jeder, der im Buddha-Geist verweilte, zu einem unerleuchteten Wesen. Dies kennt ihr sicher alle aus eigener Erfahrung.

Bei eurer Geburt hatten eure Eltern euch keinerlei Täuschungen mitgegeben, keine schlechten Angewohnheiten, keine selbstsüchtigen Begierden. Dann aber habt ihr alle Arten von Täuschungen aufgegriffen, die sich in schlechte Angewohnheiten verwandelten, so dass ihr notgedrungen verwirrt wurdet.

Was ihr aber nicht von außerhalb aufgegriffen habt, ist der Buddha-Geist, in dem keine Täuschungen existieren. Da der Buddha-Geist wundersam erleuchtet, könnt ihr nun, da ihr dies hört, den Entschluss fassen, nicht länger getäuscht zu werden und keine Täuschungen mehr zu schaffen, indem ihr in dem ungeborenen Buddha-Geist verweilt, wie er ist. Ihr benutzt einfach die gleiche Fähigkeit, mit der ihr zuvor Täuschungen angenommen habt, um nun das Anhalten der Täuschungen anzunehmen. Dies geschieht durch den Buddha-Geist, den ihr erkennen müsst. Und da nichts den Platz dieses kostbaren Buddha-Geistes einnehmen kann, könnt ihr nun nicht mehr getäuscht sein, selbst wenn ihr es wolltet.

Wenn ihr jedoch die Kostbarkeit des Buddha-Geistes nicht erkennt, ergeht ihr euch in Selbstbezogenheit und erzeugt Täuschungen, die euch schaden. Ihr könnt dann den grundlegenden Impulsen, die eure selbstsüchtigen Wünsche erzeugen, nicht widerstehen.

Jeder besteht darauf, dass sein Verhalten seinem eingeborenen Charakter entspreche und er nichts dagegen machen könne. Statt zu seiner Selbstbezogenheit zu stehen, rechtfertigt er sein Verhalten damit, es sei angeboren. Doch die eigenen Eltern für etwas verantwortlich zu machen, das nicht von ihnen stammt, ist äußerst respektlos. Gibt es denn jemanden, der als Trinker, Spieler oder Dieb auf die Welt kam? Niemand wird so geboren. Hast man aber erst einmal Geschmack am Alkohol gefunden, dann entwickelt man Trinkgewohnheiten, und wenn man nicht mehr damit aufhören kann, merkt man nicht mehr, dass man sich täuscht. Diese Narretei darf man nicht seinen Eltern anlasten.

Da ihr dies hört, sollt ihr alle von nun an im ungeborenen Buddha-Geist verweilen, genau so, wie er ist: dem ungeborenen Buddha-Geist, wie er von euren Eltern eingeboren wurde. Dann werdet ihr keine Täuschungen über irgendetwas erzeugen und für immer lebendige Buddhas sein. Nichts könnte unmittelbarer sein. Ihr müsst dies alle endgültig verwirklichen!“

Ein Monat im Ungeborenen

Bankei sagte: „Beginnt damit, dreißig Tage lang im Ungeborenen zu verweilen. Von da an werdet ihr – ob ihr es wollt oder nicht – auf natürliche Weise im Ungeborenen verweilen müssen. Da das Ungeborene der Buddha-Geist ist, werdet ihr fortan zu allen Zeiten mit dem Buddha-Geist wirken und zu lebendigen Buddhas werden. Hört meine Lehre so, als würdet ihr heute neu geboren. Wenn ihr hingegen eine feste Vorstellung habt, werdet ihr mich nicht verstehen."

Der Dieb Kappa

Bankei erzählte: „Als ich jung war, gab es einen berüchtigten Dieb in dieser Gegend namens ‚der Kappa'*, der dem Clan von Kumasaka Chôhan angehörte. Er raubte dreist die Leute aus und besaß bemerkenswerte Fähigkeiten: Wenn er jemanden des Weges entlangkommen sah, konnte er genau sagen, wie viel Geld derjenige dabeihatte, und er verschätzte sich nie auch nur ein bisschen. Eines Tages wurde er jedoch gefasst und verbrachte dann eine lange Haftstrafe im Gefängnis von Osaka. Weil er solch ein Experte war, ersparte man ihm die Exekution und machte ihn zum Informanten für die Polizei. Daraufhin wurde er wieder ein freier Mann; er lernte, buddhistische Statuen zu schnitzen und ließ sich in Osaka nieder. Nachdem er seine niederträchtige Einstellung aufgegeben hatte, widmete er sich ganz dem Heilsweg und dem Rezitieren des *Nembutsu*.

Selbst so ein berüchtigter Bandit wie ‚der Kappa' hat also sein Leben in religiöser Hingabe beendet. Wo kann man jemanden finden, der stiehlt, weil sein Karma tief oder seine Verbrechen schwer wären? Stehlen ist das Karma, Stehlen ist das Verbrechen. Ohne das Stehlen existierten weder Karma noch Verbrechen. Ob man stiehlt oder nicht, hängt vom gegenwärtigen Geisteszustand ab, nicht von vergangenem Karma. Das gilt für alle Täuschungen. Wenn du getäuscht bist, dann giltst du als unerleuchtetes Wesen, wenn du nicht getäuscht bist, als Buddha. Darüber hinaus gibt es keine Abkürzung, ein Buddha zu sein."

[* wörtlich: „Fluss-Kind", jap. Fabelwesen, Dämon mit Zügen einer Gottheit]

Schlafen beim Meditieren

Bankei sagte: „In meinem Tempel ist das normale Alltagsleben Meditation. Es ist nicht wie an anderen Orten, wo es heißt: ‚Von heute an wird meditiert!', und sich jeder in verzweifelte Praxis stürzt.

Als ich in Daozhes Gemeinschaft übte, schlief einmal ein Mönch bei der Sitzmeditation ein. Da schlug ihn plötzlich ein anderer Mönch, doch ich tadelte ihn dafür: ‚Warum schlägst du jemanden, der friedlich schläft? Denkst du, dass der Mönch, wenn er schläft, eine andere Person ist als sonst?' Ich will die Mönche nicht ermutigen, zu schlafen, aber sie dafür zu bestrafen ist ganz falsch. Darum verbiete ich es hier in diesem Tempel. Weder tadele ich noch lobe ich das Schlafen. Ob die Menschen schlafen oder wachen, lasst sie einfach sein, wie sie sind. Wenn sie schlafen, schlafen sie im Buddha-Geist, in dem sie wach waren; wenn sie wachen, sind sie im Buddha-Geist wach, in dem sie schliefen. Sie verweilen stets im Buddha-Geist.

Es gibt keine Zeit, in der man nicht ein Buddha ist. Statt zu versuchen, ein Buddha zu werden, ist es einfacher, ein Buddha zu bleiben!"

Gedankenlesen

Jemand fragte: „Jeder sagt, Ihr hättet die Kraft, die Gedanken anderer Menschen zu lesen. Ist das wahr?"

Bankei antwortete: „In meiner Schule gibt es solche außergewöhnlichen Dinge nicht. Selbst wenn wir dies könnten, würden wir es nicht tun, da der Buddha-Geist ungeboren ist. Wenn ich zu euch spreche, behandele ich euer eigenes Selbst, und ihr denkt euch, ich könnte Gedanken lesen. Doch solch eine Kraft besitze ich nicht. Ich bin genau wie ihr. Wenn ihr im Ungeborenen verweilt, seid ihr an der Quelle der übernatürlichen Kräfte aller Buddhas; doch ohne dass ihr danach suchen müsst, ist alles vollkommen bewerkstelligt und ihr könnt gelassen mit allen Dingen umgehen. In der wahren Lehre des Ungeborenen könnt ihr alles regeln, indem ihr euch um euer eigenes Selbst kümmert, ohne irgendwelche unwesentlichen Sachen einzubringen."

Rückschritte

Jemand fragte: „Ich habe so hart praktiziert wie möglich und versucht, ohne Rückschritte voranzukommen. Doch was ich auch tue, ich falle immer mal wieder zurück. Wie kann ich das vermeiden?"

Bankei erwiderte: „Verweile im ungeborenen Buddha-Geist. Der Versuch voranzukommen ist bereits ein Rückschritt vom Ort des Ungeborenen. Denn ein Mensch des Ungeborenen hat weder mit Voranschreiten noch Zurückfallen zu tun, da er beides transzendiert."

Kôan

Ein Mönch fragte: „Lange habe ich nun mit dem Kôan ‚Hyakujô und der wilde Fuchs' gearbeitet, doch ich habe es trotz meiner Anstrengungen nicht gelöst. Es liegt wohl daran, dass meine Praxis nicht rein ist?"

Bankei antwortete: „Hier an diesem Ort studiert man nicht solches Altpapier. Alles wird sich klären, wenn du verstehst, dass das Ungeborene und wundersam Erleuchtende der Buddha-Geist ist." Dann erläuterte Bankei das Ungeborene ein weiteres Mal. Der Mönch soll später herausragend geworden sein.

Ein weiterer Mönch in der Nähe fragte: „Sind demnach die Kôan der alten Meister nutzlos?"

Bankei erwiderte: „Die Antworten der alten Meister sollten die Fragen einzelner Schüler beenden, indem man ihnen von Angesicht zu Angesicht begegnete; ansonsten haben sie keinen besonderen Nutzen. Ich kann nicht sagen, ob sie nötig oder überflüssig, hilfreich oder nutzlos sind. Wenn die Menschen nur im ungeborenen Buddha-Geist verweilen, ist das bereits alles, was nötig ist."

Die Spuren der Vergangenheit

Bankei sprach zur Gemeinschaft: „Alle Täuschungen werden ausnahmslos aus Selbstzentriertheit geschaffen. Nehmen wir an, deine Nachbarn streiten sich. Wenn du nicht persönlich involviert bist, hörst du nur zu, ohne wütend zu werden, und kannst klar richtig und falsch unterscheiden. Geht es aber um etwas, was dich persönlich betrifft, wirst du parteiisch, hängst dich daran auf und verdunkelst so die wundersam erleuchtende Funktion des Buddha-Geistes. Vorher konntest du klar falsch und richtig unterscheiden, nun aber bestehst du, von Selbstzentriertheit geleitet, auf deiner eigenen Idee von richtig und falsch. Wirst du wütend, tauscht du den Buddha-Geist gegen einen kämpfenden Dämon ein, und es kommt zu erbittert geführten Disputen.

Weil der Buddha-Geist wundersam erleuchtend ist, werden die Spuren von all deinen Handlungen unmittelbar reflektiert. Haftest du aber an diesen reflektierten Spuren, dann erzeugst du Täuschung. An den Orten, wo diese Spuren reflektiert werden, existieren und entstehen ursprünglich keine Gedanken. Wir behalten Dinge, die wir in der Vergangenheit sahen und hörten, und wenn sie aufkommen, erscheinen sie als Spuren und werden reflektiert. Ursprünglich haben Gedanken aber keine wahre Substanz. Wenn sie auftauchen, lasst dies einfach geschehen; wenn sie reflektiert werden, lasst eben dies geschehen; und wenn sie aufhören, lasst sie einfach aufhören. Solange ihr euch nicht an diese reflektierten Spuren hängt, werden keine Täuschungen produziert. Es wird dann so sein, als würden gar keine Spuren reflektiert. Selbst wenn eintausend Gedanken auftauchten, ist es, als wäre dies niemals geschehen. Dann sind keine Gedanken mehr zu klären oder abzuschneiden."

Die Kannon-Statue

Das vorrangige Objekt der Wertschätzung im Ryômonji war eine Kannon-Statue, die der Meister selbst angefertigt hatte. Ein Mönch aus Ôshû fragte darum, an eine Säule gelehnt: „Ist dies das Abbild eines alten oder neuen Buddha?"

Bankei erwiderte: „Wonach sieht es für dich aus?"

Der Mönch sagte: „Nach einem neuen Buddha."

Bankei sagte: „Wenn es für dich wie ein neuer Buddha aussieht, dann ist es eben ein neuer Buddha. Weil du aber nicht verstanden hast, dass das, was ungeboren ist, der Buddha-Geist ist, fragst du solch unnütze Dinge und hältst sie für Zen."

Die drei Zeiten

Ein Laie aus Izumo bat Bankei um persönliche Unterweisung: „Wenn einer erleuchtet ist wie Ihr, erscheinen dann die drei Welten von Vergangenheit, Gegenwart und Zukunft tatsächlich als Anblick in der eigenen Handfläche?"

Bankei sagte: „Ist das eine Frage, die dir gerade in den Sinn kam, oder hast du schon lange darüber nachgedacht?"

Der Laie antwortete: „Ich habe schon eine Weile darüber gegrübelt, und gerade kam sie mir wieder in den Sinn."

Bankei erwiderte: „In diesem Fall müssen dich meine Ansichten nicht kümmern. Solange du dein eigenes Selbst nicht erforscht hast, wirst du nichts damit anfangen können, wie ich die Dinge sehe. Selbst wenn ich dich überzeugte, würdest du meine Worte nicht durch dein Leben bestätigen können, denn dazu musst du die drei Welten selbst sehen. Wenn du es eingehend selbst untersuchst, wirst du für dich erkennen, was sichtbar und was unsichtbar ist. Dann wirst du keinen Grund mehr haben, mich zu fragen. Das wäre dann nur, als würdest du mein Geld für mich zählen, ohne selbst welches zu haben."

Eigene und fremde Kraft

Bankei sprach: „Meine Lehre kümmert sich nicht um Eigenkraft *(jiriki)* und Fremdkraft *(tariki)*. Sie handelt vielmehr von dem, was beides transzendiert. Ich will euch das beweisen. Während nun jeder hier meiner Ansprache lauscht, zwitschern dort draußen die Spatzen, die Krähen krächzen, Menschen reden und der Wind seufzt. All diese Geräusche kommen bei euch klar und unterschieden an, ohne dass ihr euch bewusst anstrengen müsst, sie zu hören. Ihr seid es nicht, die das Hören bewerkstelligen, also ist es keine Sache von Eigenkraft. Andererseits könnt ihr keinem anderen das Hören übertragen, also ist es auch keine Fremdkraft. Was sich also weder ums eine noch ums andere kümmert, ist meine Lehre.

Nicht bewusst zu versuchen, zu sehen oder zu hören, ist das Ungeborene. Wenn ihr auf diese Weise mittels des Ungeborenen hört, dann überschreitet ihr das Vorgegebene. All eure anderen Aktivitäten werden ebenfalls dank des Ungeborenen vollkommen bewerkstelligt."

Das ursprüngliche Böse

Bankei sagte: „Ursprünglich gab es nichts Böses in euch. Doch im Alter von vier oder fünf Jahren habt ihr die üblen Dinge aufgegabelt, die ihr andere Leute tun und von denen ihr sie reden hörtet, und dann allmählich selbstsüchtige Begierden, schlechte Angewohnheiten und Selbstzentriertheit entwickelt."

Der Buddha-Geist als Spiegel

Bankei sagte: „Der Buddha-Geist, der ungeboren ist und wundersam erleuchtet, ist wie ein strahlender Spiegel. Ein Spiegel reflektiert alles, was vor ihm ist. Doch er tut dies ohne Absicht. Wenn ein Objekt entfernt wird, versucht er nicht bewusst, es nicht zu reflektieren, und doch erscheint es nicht mehr in ihm. Der ungeborene Buddha-Geist ist genauso. Es ist natürlich, dass ihr Dinge seht und hört, wenn ihr euch bewusst anstrengt; doch wenn ihr Dinge seht und hört, die ihr ursprünglich nicht geplant habt, zu sehen und zu hören, dann geschieht dies dank des dynamischen Wirkens des Buddha-Geistes, der jedem von uns eigen ist. Wenn einer nur durch diese eine Lehrrede den Buddha-Geist versteht, den jeder innerlich besitzt, dann ist er von diesem Moment an ein lebendiger Tathâgata."

Der Buddha-Geist von Frauen

Bankei sagte: „Ich kann euch nun etwas über den Buddha-Geist von Frauen sagen. Ich verstehe, dass Frauen betrübt sind, wenn sie hören, sie könnten nicht Buddha werden. Doch das stimmt einfach nicht. Wie kann es hierbei zwischen Mann und Frau einen Unterschied geben? Männer wie Frauen sind der Buddha-Körper. Daran solltet ihr nicht zweifeln. Im Ungeborenen macht es keinen Unterschied, ob ihr Mann oder Frau seid. Hört mir also gut zu, ihr Frauen! Auch wenn äußerlich Männer und Frauen offensichtlich verschieden sind, gibt es im Sinne des Buddha-Geistes keinen Unterschied.

Wenn ihr hier meiner Rede folgt, draußen aber ein Händler seine Waren anpreist, ist da etwa ein Unterschied zwischen dem, was ein Mann und dem, was eine Frau hört? Gibt es einen Unterschied in dem, was ein alter und ein junger Mensch hört? Ein Mönch oder ein Laie? Nein, denn was wir hören, wird durch den einen identischen Buddha-Geist, den jeder von uns in sich besitzt, bewirkt. Das Gerede von ‚Mann' und ‚Frau' besteht nur aus Namen von Spuren, die durch Gedanken erzeugt wurden. Im Ungeborenen gibt es weder Mann noch Frau. Was könnte ich wohl gewinnen, wenn ich euch darüber täuschen wollte?

In der Welt findet man Männer, die Dinge nur mit halbem Herzen tun. Frauen hingegen sind ernsthafter. Es stimmt zwar, dass sie auf manche Weise naiver sind als Männer, doch wenn man ihnen sagt, durch üble Taten kämen sie in die Hölle, dann zweifeln sie nicht im Mindesten daran. Das gilt erst recht, wenn man sie aufklärt, dass Gutes tun sie zu Buddhas macht – schon beschließen sie von ganzem Herzen, Buddhas zu werden, und ihr Vertrauen vertieft sich. Darum können sie auch nun, wenn sie meine Lehre vom Ungeborenen hören, die Buddhaschaft eher erlangen als die oberschlauen Männer."

Der Buddha-Geist in üblen Kerlen

Bankei sagte: „Selbst in üblen Menschen fehlt es nicht an ungeborenem Buddha-Geist. Wenn ihre bösartige Einstellung umgekehrt wird, ist das nichts anderes als der Buddha-Geist. Lasst mich ein Beispiel geben: Nehmen wir an, ein guter und ein übler Kerl machen sich auf den Weg in eine andere Stadt. Während sie sich so unterhalten, kommen ihnen Ochsen entgegen, und beide weichen ihnen aus, obwohl sie dies nicht vorher geplant hatten. Wenn sie an einen Fluss kommen, werden sie ihn beide durchwaten, ein Loch im Boden werden sie beide überspringen. Was hier der üble Kerl tut, unterscheidet sich also nicht von dem, was der gute Mann macht. Dies liegt daran, dass beide mit dem ungeborenen Buddha-Geist ausgestattet sind.

Wenn nun einer unter euch ist, der Übles getan hat, so verweile er fortan im ungeborenen Buddha-Geist. Falls gelegentlich wieder altgewohnte Gedanken aufkommen, haftet weder daran noch lehnt sie ab, sondern besinnt euch augenblicklich auf eure Buddhaschaft des Ungeborenen! Auch die Buddhas und Patriarchen wurden anfangs von solchen Gedanken geplagt. Doch sie lernten, ihnen – wie es kleine Kinder tun – nicht weiter nachzuhängen. Es war, als wären die Gedanken gar nicht erst aufgekommen.

Wenn gar keine Gedanken entstünden, würde sich auch die wundersam erleuchtende dynamische Funktion des Buddha-Geistes nicht manifestieren, also sind Gedanken ein Ausdruck ebendieser. Doch Gedanken extra anzuregen bringt nur Leiden. Also verbringt euer Leben, ohne euren einen Buddha-Geist gegen Gedanken einzutauschen, die nicht von Natur aus eure sind."

Mitfreude

Bankei sprach: „Wenn da einer mit einem herausragenden Talent ist, wird ihn jeder preisen. Doch ein engstirniger Mensch könnte einwerfen: ‚Nun ja, er ist gut darin, aber er hat auch diese und jene schlechten Seiten', um so sein Talent zu schmälern. Empfindet ein solcher Mensch jedoch Zuneigung zu einem anderen, von dessen Talent noch niemand gehört hat, wird er diesen wiederum unverblümt über den grünen Klee loben. Von dieser Sorte gibt es viele Menschen.

Wenn wir hören, dass jemand gelobt wird, sollten wir einstimmen können, und wenn wir von jemandes Glück hören, uns freuen, als wäre es unseres.

Was unsere Bediensteten angeht, so sollten wir sie freundlich behandeln und nichts Unvernünftiges von ihnen verlangen, nur weil wir ihnen einen Lohn zahlen. Ihr solltet Bedienstete nicht als getrennt von euch wahrnehmen. Nehmt einmal an, euer Sohn wäre ungehorsam, wäret ihr da nicht nachsichtig? Bei einem Außenstehenden hingegen würdet ihr wohl in Rage geraten. Dazu kommt noch, dass euer eigener Sohn euch wohl so einiges verzeiht; jemand, der nicht mit euch verwandt ist, wird eure Schelte jedoch kritischer sehen. Wenn ihr zuvor Wut und Ärger als den üblichen Weg der Welt angesehen habt, ist es jetzt an der Zeit, davon Abstand zu halten."

Bankei sagte: „Ich will euch etwas über die Samurai erzählen. Heutzutage gibt es viele Menschen, die teure Keramiken besitzen, z. B. Blumenvasen und koreanische Teeschalen. Ich habe selbst nichts dergleichen, aber wenn ich solche Menschen beobachte, dann wickeln sie die Keramiken sorgfältig mehrfach in weiche Baumwolle ein und legen sie in eine Kiste, damit sie nicht zerbrechen, wenn sie irgendwo dagegenstoßen. Der Geist eines Samurai ist genauso. Er stellt die Ehre über alles, und deshalb gibt es kein Zurück, wenn einmal ein böses Wort gegen ihn geäußert wurde. Ein Samurai bedeckt deshalb seine harte Seite wie mit Baumwolllagen, damit grobe Kerle nicht so leicht daran anstoßen können. Denn ansonsten wäre der Samurai gezwungen, sie zu töten.

Dann gibt es da noch die Art von Töten, wo ein Samurai sich schützend vor seinen Fürsten wirft, um einen Angreifer niederzustrecken. Für einen Krieger gilt dies nicht als Mord. Doch jemanden nur aus egozentrischen Motiven zu töten, das wäre auch für ihn Mord. Es würde auch mangelnde Loyalität gegenüber seinem Fürsten, mangelnde Pietät den eigenen Eltern gegenüber bedeuten und den Buddha-Geist gegen einen kämpfenden Dämon eintauschen. Andererseits würde sich wie ein Feigling zu verhalten und abzuhauen, wenn man für den eigenen Fürsten sterben muss, bedeuten, den Buddha-Geist gegen den eines Tieres einzutauschen. Vögel und wilde Tiere haben nicht die Intelligenz von Menschen, sie kennen nicht den rechten Weg des Handelns; sie verstehen nichts von Ehre und ergreifen einfach die Flucht, um am Leben zu bleiben. Doch wenn ein Samurai dies tut, mangelt es ihm sogar an Scham gegenüber seinen Kriegerkameraden.

Ich habe auch in Edo einen Tempel, er liegt in Azabu am Rande der Stadt. Einmal gab es dort einen Gehilfen, der schon eine Weile bei mir war und sich von den anderen Mönchen eine gewisse religiöse Neigung abgeschaut hatte. Eines Tages sollte er in der Abenddämmerung einen Botengang erledigen. Da sein Weg auch durch kaum bewohnte Gebiete führte, in denen sich gern Schwertkämpfer auf die Lauer legten, um ihre Klingen an ahnungslosen Reisenden auszuprobieren, wollten ihn die anderen Mönche von seinem Fußmarsch abhalten. Doch er zog los. Auf seinem Rückweg war die Sonne bereits untergegangen, und tatsächlich trat ihm ein Angreifer entgegen und drückte sich absichtlich gegen ihn. Dann zog er sein Schwert und rief: ‚Du hast mich mit deinem Ärmel berührt! Ich lasse das nicht durchgehen!' Der Gehilfe erwiderte: ‚Mein Ärmel hat Euch nicht berührt.' Doch dann warf er sich plötzlich drei Mal vor dem anderen nieder, woraufhin der Samurai sein Schwert wieder in die Scheide steckte und meinte: ‚Du bist ja ein seltsamer Vogel. Ich lasse dich gehen. Zieh Leine!' In der Zwischenzeit hatte ein Händler, der dies beobachtet hatte, die Flucht in einen nahe gelegenen Teeladen ergriffen und von dort aus weiter zugeschaut. Als der Gehilfe vor ihm auftauchte, meinte er: ‚Das war ja knapp. Wie bist du nur darauf gekommen, dich niederzuwerfen?' Der Gehilfe sagte: ‚Ich lebe in einem Tempel, dort machen die Mönche immer drei Niederwerfungen. Gerade eben dachte ich noch: ‚Wenn er mich töten will, dann soll er doch', dann warf ich mich wie von selbst nieder.'

Als der Gehilfe mir die Geschichte erzählte, sagte ich zu ihm: ‚Du bist dank deines Vertrauens (in den Dharma) aus dieser unentrinnbaren Zwickmühle herausgekommen.' Wenn man hört, wie sogar ein brutaler Attentäter bewegt werden kann, kann man nicht mehr am Buddhadharma zweifeln."

Bankei erzählte: „Da ich viel gereist bin, ist mir schon vieles unter die Augen gekommen. Ich habe auch einen Tempel bei Ôzu, in dem ich einige Zeit des Jahres verbringe. Der Ôzu-Tempel ist ganz anders als dieser, es handelt sich um einen großen Bau, und wenn ich da bin, sind Unmengen von Menschen zu Gast. Wir haben eine Halle nur für Frauen, eine für Männer reserviert, und vier Aufseher dafür, zwei für jede Halle, die mit ihren Anweisungen ein Durcheinander vermeiden.

Einmal kam ein Kerl aus Ôzu zu uns, der seine Tochter mit einem Mann verheiratete, der weiter entfernt wohnte. Seine Mutter lebte mit ihnen, ein Sohn kam zur Welt, doch das Paar war ständig am Streiten. Schließlich hatte die Frau genug, überließ ihr einziges Kind dem Mann und kehrte zu ihren Eltern zurück. Da sagte ihr Ehemann: ‚Wenn du das tust, werfe ich unseren Sohn in den Fluss!' Die Frau antwortete: ‚In Ordnung, er ist dein Kind, und ich überlasse ihn dir, also tu, was du willst mit ihm, es ist mir egal.' Darauf sagte der Mann: ‚Du wirst keine Kleidung und keine Haushaltsgegenstände mitnehmen.' Die Frau erwiderte: ‚Das ist mir sowieso egal, Hauptsache, ich komme hier weg.' Und sie machte sich auf nach Ôzu. Auf dem Weg traf sie eine Gruppe, die meinem Vortrag im Tempel beiwohnen wollte, und schloss sich ihr an. Sie hörte mir genau zu. Als ich fertig war, zerstreuten sich alle, und die Frau begegnete auf ihrem Nachhauseweg einem Nachbarn ihrer Eltern. Er fragte: ‚Was machst du denn hier?' Sie erzählte ihm von den Streitereien mit ihrem Ehemann und wie sie dazu gekommen war, meiner Rede zu lauschen: ‚Alles, was dort gesagt wurde, traf auf mich zu. Ich fühle mich so beschämt. Dass ich heute meinen Mann verließ, lag an meiner falschen Einstellung. Er wollte das nicht und versuchte mich zusammen mit meiner

Schwiegermutter davon abzuhalten. Doch ich war außer mir und brachte schließlich auch die beiden in Rage. Der Vortrag heute machte mir klar, wie falsch ich lag. Ich werde nun zu meinem Mann zurückkehren und ihn und meine Schwiegermutter um Verzeihung bitten. Dann werde ich ihnen von der wunderbaren Rede im Tempel erzählen und sie ermutigen, selbst ihr Seelenheil zu suchen, damit es noch mehr Sinn macht, dass ich heute die Worte des Meisters hörte.' Der Nachbar warf jedoch ein, sie solle zunächst ihre Eltern aufsuchen und dann mit ihm zusammen als Vermittler zum Ehemann zurückkehren. Doch die Frau sagte: ‚Da ich es war, die sich falsch verhalten hat, muss auch ich selbst es wieder in Ordnung bringen. Außerdem darf ich die wundervolle Rede, die ich hörte, nicht für mich behalten.' Wie die beiden sich so unterhielten, hörten dies andere Tempelbesucher auf ihrem Rückweg. Sie priesen die Frau. Später war ich dann noch bei einem Clanführer aus Ôzu eingeladen, wo man mir sagte, ich hätte ein Wunder vollbracht, und dann diese Geschichte erzählte. In der Folge erfuhr ich, wie es der Frau nach ihrer Rückkehr ergangen war. Sie hatte die ganze Schuld auf sich genommen, und die beiden anderen verziehen ihr. Nach einer gewissen Zeit tauchten sie tatsächlich alle drei häufig in meinem Tempel auf. Ich erzähle euch dies, damit ihr versteht, dass man seine Streitereien und Abneigungen schon dank einer einzigen Predigt ablegen kann, und weil ich mir wünsche, dass auch ihr eine solche spontane Affinität zum Buddhismus entwickelt.

Diese Ansprache heute war recht lange, ihr seid sicher erschöpft. Erholt euch gut und kommt bitte morgen wieder."

Bankei sprach: „Lasst mich nun etwas über das wundersame Wirken des Buddha-Geistes sagen. Vor etwa dreißig Jahren gab es einen Kerl, der ein Schüler von mir wurde und als Händler alle anderen im Verkauf seiner Sachen übertraf. Die Leute nannten ihn deshalb ‚Dieb Magoemon'. Wann immer er vorüberging, deuteten sie auf ihn und sagten: ‚Da ist der Dieb Magoemon.' Ihm selbst ging es aber immer besser, da er nach wie vor den größten Gewinn von allen machte, und er konnte sich ein Haus leisten und anderes mehr. Seit dieser Zeit suchte er mich häufig auf. Ich meinte zu ihm: ‚Wenn die Leute dich einen unverschämten Dieb nennen, kann etwas nicht stimmen; erst recht gilt das für einen, der regelmäßig in diesen Tempel kommt. Es muss dann sein eigener Fehler sein.'

Magoemon antwortete: ‚Ich wäre tatsächlich beschämt, wenn ich den Menschen etwas aus ihrem Zuhause stehlen würde oder in ihre Lagerräume einbräche. Doch auf diese Weise stehle ich nicht. Und ich bin nicht der einzige, der mit seinem Geschäft Gewinn macht. Außerdem sind die Leute, die mich verleumden, meistens selbst Händler, aber weil sie nicht so einen Profit machen, hört Ihr nun solche schlimmen Dinge über mich. Es geht doch beim Handeln genau darum, Gewinne zu machen.' In der Art redete er weiter, blieb aber recht unbekümmert.

Ich weiß nicht, was später über ihn kam, aber er übergab seien Geschäfte an seinen Neffen und teilte seinen Gewinn sogar unter der Familie auf. Dann kam er zu mir und bat um die Mönchstonsur. Ich meinte: ‚Bei jedem anderen hätte ich ja ein paar Fragen, aber da du es bist, der so einen schlechten Ruf hatte, beglückwünsche ich dich zu deinem Entschluss.' So machte ich ihn unverzüglich zum Mönch. Er vertiefte allmählich sein Vertrauen in den Buddha-Dharma.

Dies zeigt uns, dass das, was wir Buddha-Geist nennen, eine wundersam erleuchtende dynamische Funktion hat. Keine dreißig Tage, nachdem er Mönch geworden war, nannten ihn die Leute schon ‚Buddha Magoemon'. So kann es gehen. Es gibt nichts Wertvolleres in der Welt als den Buddha-Geist. Da ihr alle den ungeborenen Buddha-Geist verwirklichen wollt, müsst ihr dies endgültig begreifen.

Ich werde euch nicht raten: ‚Befolgt die Gebote', ‚Lest die Sutren', ‚Macht Zazen' oder ‚Es ist nicht gut, solange ihr nicht diese oder jene Praxis befolgt'. Denn der Buddha-Geist ist in jedem von euch gegenwärtig, er hängt nicht davon ab, dass ich ihn euch gäbe. Verwirklicht den Buddha-Geist, und ihr könnt es handhaben, wie es euch beliebt: Wenn euch danach ist, macht Zazen; wenn ihr die Gebote befolgen wollt, tut es. Das Rezitieren des *Nembutsu* oder *Daimoku (‚nam myôhô renge kyô')* und das bloße Erfüllen eurer Alltagsaufgaben wird dann – ob ihr Samurai, Bauern, Handwerker oder Händler seid – genau zu eurem *samâdhi* (meditative Versenkung, Konzentration)."

Das Anhalten der Gedanken

Bankei sagte: „Wenn ihr beim Versuch, das Ungeborene zu verwirklichen, eure Gedanken von Wut und Ärger anzuhalten sucht, wenn ihr das Anhaften schon im Keim ersticken wollt, dann teilt ihr dadurch einen Geist in zwei. Es ist, als würdet ihr etwas verfolgen, was davonrennt, und wäret Verfolger und Verfolgter zugleich. Solange ihr bewusst aufkommende Gedanken anhalten wollt, bekämpft der Gedanke ans Anhalten die kontinuierlich entstehenden Gedanken ohne Ende. Es ist, als würde man Blut mit Blut auswaschen wollen; vielleicht bekommt ihr so tatsächlich das ursprüngliche Blut weg, aber das andere würde haften bleiben und nicht mehr verschwinden. Genauso mögen zwar die ursprünglichen Gedanken des Zorns in euch zu einem Ende gekommen sein, doch die nachfolgenden Gedanken ans Anhalten würden niemals verschwinden.

Was kann man also tun, um solche Gedanken loszuwerden? Wenn plötzlich in euch Wut und Ärger oder andere Gedanken des Anhaftens aufkommen, dann lasst dies einfach geschehen. Entwickelt sie aber nicht weiter, hängt euch nicht daran. Ohne sich darum zu kümmern, ob sie anzuhalten seien oder nicht, kümmert euch einfach nicht darum, dann bleibt ihnen nichts anderes übrig als anzuhalten. Man kann sich mit niemandem streiten, wenn man allein ist. Ist da keiner zum Kämpfen, dann kommen die Dinge ganz von selbst an ein Ende.

Selbst wenn alle möglichen Arten von Gedanken auftreten, dann geschieht dies nur in der Zeit, in der sie entstehen. Wenn ihr euch nicht an diesen Gedanken festhaltet, ob sie nun glücklich oder traurig machen, und euch nicht darum sorgt, ob sie anzuhalten seien oder nicht, dann ist dies das Verweilen im ungeborenen Buddha-Geist. Haltet also den einen Geist als einen aufrecht und versucht weder an gute oder schlechte Dinge zu denken noch nicht zu denken, dann werden sie von selbst zum Ende kommen."

Wut

Bei einem weiteren Vortrag fragte ein Anwesender: „Ich bin Händler, und oft bringen mich andere Leute zur Weißglut. Im Innern hege ich zwar selbst keine bösen Gedanken, ich fühle keine Wut und bin auch nicht genervt. Aber die anderen Leute machen mich wütend, sogar meine Frau, meine Kinder und meine Diener. Wie kann ich das ändern?"

Bankei antwortete: „Tatsache ist doch, dass du wütend werden willst. So machst du dich nur verrückt. Hättest du von Beginn an nicht den leisesten Gedanken, würdest du auch nicht zornig. Doch weil sich die Gefühle der Wut und des Verdrusses bereits geformt haben, trägt dich die Kraft deiner Selbstbezogenheit davon, auch wenn die anderen gar keine Absicht haben, dich zu verärgern. Dabei bestehst du noch darauf, nichts Falsches oder Unpassendes getan zu haben. Deine Gedanken erzeugen so das Karma der drei üblen Reiche der Hölle, hungrigen Geister und Tiere, und dein dämonischer Geist quält dich. Außerhalb davon existieren all diese Dinge nicht. Bekämpfst du aber einen Gedanken mit einem anderen (des Anhaltens), dann ist das wie mit einem, der im Herbst Laub unter einem Baum wegfegt, während ständig neues nachfällt. Die Idee, deine Gedanken anhalten zu wollen, ist also falsch. Der ungeborene Buddha-Geist bedeutet, sie weder anzuhalten noch nicht anzuhalten, sondern sich nicht weiter von ihnen beunruhigen zu lassen."

Die Blinde

Eine blinde Frau sprach Bankei an: „Ich habe gehört, dass körperlich Behinderte nicht die Buddhaschaft erlangen können. Ich selbst bin blind und kann nicht einmal ein Abbild Buddhas anbeten, so dass meine Geburt als Mensch wohl vergeblich war und ich bei meinem Tod in die üblen Reiche fallen werde. Falls es einen Ausweg gibt, bitte ich Euch um Unterweisung."

Bankei antwortete: „Im Ungeborenen, von dem ich spreche, gibt es keinen Unterschied zwischen Behinderten und Nicht-

Behinderten. Halte dich einfach von Anhaften, Wut und Dummheit fern, indem du stets im Ungeborenen verweilst, und du wirst in diesem Leben die Buddhaschaft erlangen.

Ich wurde einmal das Gleiche von einer blinden Frau aus Aboshi gefragt. Sie meinte treffend, wenn sie hätte sehen können, dann wären in ihr auch Anhaftungen erzeugt worden, aber weil sie blind war, würde sie die guten und schlechten Dinge der Welt gar nicht erst als solche erkennen. Als sie dann meine Lehrrede hörte, konnte sie sich ins Ungeborene versetzen und führte dies eben auf ihre Blindheit zurück."

Den Tod voraussagen

Bankei sprach: „Die Leute haben üblicherweise eine falsche Vorstellung vom willentlichen Leben und Sterben. Sie meinen damit, dass jemand seinen Tod genau vorhersagt oder aber seine Lebensspanne noch soundso lange ausdehnen kann. Ich halte das nicht für passende Beispiele. Denn solche Fähigkeiten kann man einüben, und zuweilen findet man sie auch bei unspirituellen oder gar ungläubigen Menschen. Dies bedeutet, dass sie gar nicht wissen, um was es eigentlich geht.

Ein Mensch des Ungeborenen ist jenseits von Leben und Tod, jenseits von Samsara (endloser Kreislauf von Geburt, Tod und Wiederkehr). Ich meine damit, dass ein Ungeborener im Grunde auch ein Unsterbender ist, denn er stirbt, ohne sich um Leben und Tod gesorgt zu haben, ohne einen Gedanken an einen Kreislauf von Leben und Tod und eine Existenz in Samsara. Zumal Leben und Tod den ganzen Tag über stattfinden, nicht nur, wenn man seinen letzten Atemzug tut. Wenn man so ohne Kummer um Leben und Tod lebt, dann kann der Tod jederzeit eintreten, ohne eine große Sache zu sein. Dies nenne ich willentliches Leben und Sterben. Es bedeutet, im ungeborenen Buddha-Geist zu leben. Eine Vorhersage zu treffen, an einem bestimmten Tag zu sterben, schränkt einen hingegen unnötig ein.

Außerdem reden religiöse Menschen gern davon, Samsara sei das Gleiche wie Nirwana. Sie tun dies jedoch vom Standpunkt des Samsara aus, also hat es nichts mit Nirwana zu tun. Was sie machen ist, den ungeborenen Buddha-Geist einzutauschen gegen den Gedanken, Samsara sei Nirwana. Doch dieser hat nichts damit zu schaffen, da er für alles bereits Sorge trägt. Aus der Sicht des Ungeborenen sind beide wie der Schatten eines Traumes. Wer also im Buddha-Geist verweilt, ohne sich um so etwas wie Samsara zu bekümmern, der kann bei gegebener Zeit ohne Bedauern und Anhaften sterben. So einer hat tatsächlich die Wahrheit von ‚Samsara ist Nirwana' gelebt."

Hilfsmittel-Zen

Bankei kritisierte: „Heutzutage unterrichten Lehrer mittels Regeln und Hilfsmitteln. Das nenne ich ‚Hilfsmittel-Zen'. Sie können nicht direkt auf die Dinge zeigen. Es gibt da noch eine weitere Unart. Manche Lehrer erzählen ihren Schülern, sie sollten erst ‚einen großen Klumpen Zweifel' *(daigidari)* erzeugen und dann durchbrechen, erst so würden sie im Zen vorankommen. Anstatt ihnen beizubringen, im Buddha-Geist zu verweilen, zwingen sie die Schüler also zum Erzeugen von Zweifeln, auch wenn diese vorher gar keine hatten. Auch dies ist nicht richtig."

Gleichgültigkeit

Ein Mönch kritisierte: „Mir scheint, im Ungeborenen zu verweilen macht einen vollkommen gleichgültig gegenüber den Dingen."

Bankei antwortete: „Nehmen wir mal an, jemand näherte sich dir von hinten und würde dir ein Brandzeichen auf den Rücken drücken. Würde sich das nicht heiß anfühlen?"

Der Mönch bestätigte dies.

Bankei fuhr fort: „Du bist also nicht gleichgültig. Ohne dir groß darüber Gedanken zu machen, kannst du sagen, was heiß und was kalt ist. Schon die Tatsache, dass du diese Frage stelltest, zeigt, dass du nicht gleichgültig bist. Ein Mensch, der tatsächlich gleichgültig wäre, könnte nicht Gedanken hegen. Du bist also weder gleichgültig noch warst du es jemals zuvor. Der Buddha-Geist ist einfach die erleuchtende Weisheit, die die Dinge mit wunderbarer Wirksamkeit unterscheiden kann."

Gelassene Freude

Bankei sprach: „Ich will mich noch einmal an die Frauen in der Versammlung wenden. Manchmal könnt auch ihr schnell zornig werden und euch über unbedeutende Dinge aufregen. Nehmen wir an, ihr seid mit Nähen beschäftigt, und jemand kommt auf ein Schwätzchen vorbei. Das Nähen stört dann das Geplaudere nicht, ihr könnt dennoch reden und zuhören, und umgekehrt. Nähen und Plaudern gehen also wie von selbst zusammen. Liegt das etwa nicht am ungeborenen, wundersam erleuchtenden Buddha-Geist?

Was aber nun, wenn der Faden oder die Nadel bricht oder wenn ihr etwas falsch vernäht? Schon kommt Ungeduld und Ärger auf. Wie könntet ihr da noch recht nähen? Würde der

Ärger dazu führen, dass ihr eure Arbeit besser macht, wäre nichts dagegen zu sagen, stattdessen aber seid ihr nun in Schwierigkeiten. Bliebet ihr freudig und gelassen, würde die Arbeit hingegen vorangehen, und ihr würdet auch weiter nebenher plaudern können. Tauscht den ungeborenen Buddha-Geist also nicht gegen einen streitbaren Dämonen ein."

Zazen

Bankei sagte: „Was Zazen angeht, so ist *za* (sitzen) der Buddha-Geist, der gelassen sitzt, und *zen* (Meditation) ein anderer Name für den Buddha-Geist. Zazen steht also einfach für den Buddha-Geist, der gelassen sitzt. Verweilt ihr im Ungeborenen, ist folglich alle Zeit Zazen, nicht nur, wenn ihr formell sitzt. Solltet ihr während der Meditation etwas Besseres zu tun haben, ist es völlig in Ordnung, aufzustehen und zu gehen. In meiner Schule ist jeder frei, dies nach eigenem Gutdünken zu handhaben. Ich lasse euch meditieren, weil ihr nicht immer nur schlafen und quatschen und auf den Beinen stehen oder herumlaufen könnt. Aber mit Regeln hat das nichts zu tun."

Verständlichkeit

Bankei sagte: „Sogar in China ist die Lehre vom Ungeborenen schon lange verschwunden, wie ihr an den Aufzeichnungen erkennen könnt, die von dort nach Japan gelangten.

Als ich jung war, habe ich selbst an Lehrer-Schüler-Dialogen *(mondô)* auf Chinesisch teilgenommen, aber wenn es für das Verständnis nicht völlig unumgänglich ist, ist es besser, seine Fragen und Anliegen auf Japanisch und in Alltagssprache vorzutragen, da ihr damit vertraut seid.

Der Grund, warum japanische Mönche die Laien, die kein Chinesisch verstehen, mit chinesischen Begriffen behelligen, ist der, dass sie selbst die Angelegenheit des ungeborenen Buddha-Geistes nicht durchdrungen haben. Die schwierigen Ausdrücke, die sie benutzen, sind jedoch nur der Sabber der chinesischen Patriarchen."

Krankheit und Schmerz

Bankei sagte: „Wenn ihr krank seid und daran haftet, entstehen Gedanken wie: ‚Ich sollte längst gesund sein. Vielleicht ist die Medizin nicht die richtige, oder der Arzt ist nicht gut.' Ihr klammert euch an die Hoffnung zu genesen und tauscht den Buddha-Geist gegen ängstliche Gedanken ein, so dass die Krankheit eures Geistes schlimmer wird als eure ursprüngliche. Selbst wenn ihr euch dann körperlich erholt, gewinnt eure geistige Krankheit des Anhaftens an dieser Erholung die Oberhand.

Wenn nun einer behauptet, er könne jedes Leiden ohne Schmerzen ertragen, dann ist er ein Lügner und kennt den Unterschied von Schmerz empfinden und keinen Schmerz empfinden gar nicht. Er redet nur von einer Idee, keine Schmerzen zu empfinden, die auf seinen Gedanken beruht. Wenn solche Gedanken entstehen, dann leidet man tatsächlich an Geburt und Tod.

Es ist der wundersam erleuchtende ungeborene Buddha-Geist, der klar unterscheiden lässt. Doch da er nicht anhaftet, gibt es nichts, was ihr nicht ertragen könntet. Wenn ihr also leidet, dann stöhnt einfach. Verweilt aber stets im ungeborenen Buddha-Geist."

Die Zufluchtnahmen

Bankei sagte: „Was die drei Zufluchtnahmen angeht, so nehmen wir Zuflucht zu einem bestimmten Buddha, einem bestimmten Dharma und einer bestimmten Sangha. Ich spreche hingegen nur vom Buddha-Geist, darum beschränke ich mich nicht unbedingt auf eine bestimmte Schule. Es gibt Unterschiede darin, wie diese ihre Doktrinen formulieren, doch der einzige Grund für die Lehre ist doch der, dass Menschen selbst erkennen, was sie von Natur aus besitzen: den von ihren Eltern eingeborenen Buddha-Geist. Die zahlreichen Schulen sind alle Eingangstore zum Pfad des Buddha-Geistes, und wir nennen sie ‚Eintritt in die Lehre'.

Ich bin sicher, dass hier unter uns Mönche ganz unterschiedlicher Richtungen sind. Einige werden mir zustimmen, andere nicht. Den Letztgenannten möchte ich sagen: Solange ihr nicht in eurem Glauben nachlasst, wird der Tag kommen, an dem ihr versteht. Ich bin sicher, ihr werdet euch dann an mich erinnern, also hört bitte gut zu."

Die Krähe und der Kormoran

Bankei sagte: „Von Zeit zu Zeit trifft man Menschen, die etwas verwirklicht haben, doch nur ganz wenige handeln auch im Hier und Jetzt danach. Zu verstehen ist leicht, zu praktizieren ist schwer. Ich verbiete darum meinen Schülern, solange sie das Auge des Weges noch nicht geöffnet haben, zu lehren. Sie sollen nicht nur meine Worte nachäffen, so wie es auch heißt: Wenn eine Krähe einen Kormoran zu imitieren sucht, dann mag zwar die Farbe stimmen, aber im Wasser ist der Rabe schon aufgeschmissen. Auf die gleiche Weise würden Schüler, deren Auge noch nicht für das wundersam erleuchtende Wirken des Buddha-Geistes geöffnet ist, auch das Auge nicht besitzen, die Menschen zu durchschauen, und ebenso wenig wie die Raben frei wirken können. Ohne das Ungeborene zu kennen bleibt man auf der Verständnisebene dessen, was gesehen oder gehört, gefühlt oder gedacht wurde, und tauscht den Buddha-Geist gegen Vorstellungen und Ansichten ein. Dies nennt man Täuschung."

Gedankenloser Grund

Bankei sagte: „Die Menschen denken, am Grunde würden Gedanken existieren und entstehen. Doch dieser Grund hat keine Substanz. Von den Dingen, die man sieht und hört, werden gemäß den Umständen immer wieder Eindrücke erzeugt und im Detail von der Erinnerung widergespiegelt. Lasst dies einfach geschehen und hängt euch nicht daran. Das gilt auch für üble Gedanken, gebt euch einfach nicht mit ihnen ab, dann hören sie von selbst auf. Täuschungen sind die Pein von Gedanken, die sich von anderen Gedanken nähren. Es ist daher dumm, über dies und jenes nachzudenken und Dinge ohne Bedeutung zu erwägen."

Absichten erkennen

Ein Mönch, der den Meister privat aufgesucht hatte, sagte: „Ich habe das Kôan ‚Jôshus *Mu*' von einem Zen-Lehrer empfangen und viele Jahre damit praktiziert, es stets im Geist behalten und mich dabei völlig erschöpft. Dennoch konnte ich es nicht lösen. Ich war sogar einige Zeit lang krank, und es geschah nichts Besonderes. Also gab ich das Kôan ‚*Mu*' auf. Als ich meinen Geist in einen Zustand ähnlich dem leeren Himmel versetzte, fühlte ich mich erstaunlich leicht in Körper und

Geist und gesundete bald. Heute bin ich recht zufrieden, da meine Geisteshaltung stets wie der leere Himmel ist. Dennoch möchte ich gern Eure Unterweisung unterhalten."

Bankei sagte: „Das Kôan ‚*Mu*' beiseite zu lassen und einen Geisteszustand wie der leere Himmel zu pflegen ist sicher nicht schlecht, denn es belegt deine spirituelle Kraft. Weil dein ungeborener Buddha-Geist aber noch nicht verwirklicht ist, kannst du nicht reibungsfrei durch den Alltag kommen. Du hast diesen Buddha-Geist gegen den ‚leeren Himmel' eingetauscht und kannst deshalb die Menschen nicht durchschauen. Ist es nicht so?" Der Mönch stimmte zu, und Bankei fuhr fort: „Hör gut zu. Wenn du annimmst und verwirklichst, was ich dir sage, wird das Auge, das die Menschen durchschaut, erscheinen, und du wirst keine Fehler mehr in Bezug auf die Dinge machen. Dies nennt man die vollständige Verwirklichung des Dharma. Zu verwirklichen, dass der Buddha-Geist, den man von Natur aus von seinen Eltern bekommen hat, ungeboren und wundersam erhellend ist, das nennt man Erleuchtung.

Was ich mit dem Durchschauen von Menschen meine ist, dass man nicht nur die Formen ohne Absicht wahrnimmt, also etwa Töne und Ansichten, sondern auch das Formlose, dass also die guten und schlechten Absichten von Menschen im eigenen Buddha-Geist wie in einem Spiegel erscheinen."

Erleuchtung

Bankei sagte: „Wenn man Erleuchtung erlangen will, schafft man einen Dualismus zwischen dem, der diese erfährt und dem, was erfahren wird. So verlässt man das Reich des Ungeborenen. Doch es gibt von Anfang an keinen Unterschied zwischen dem Geist der Buddhas und dem Buddha-Geist jedes Einzelnen von euch. Dieser Buddha-Geist ist eins – und nicht zwei oder drei. Weil er ungeboren ist und weder Anfang noch Ende hat, könnt ihr auch nicht behaupten, ihr würdet zum ersten Mal Buddhas.

Im Buddha-Geist gibt es weder Freude noch Kummer oder Ärger, weder Täuschung noch Erleuchtung. Versteht, dass nichts allein aus dem Inneren entsteht, und verwickelt euch nicht in die Welt der Äußerlichkeiten, sondern unterscheidet sie einfach mittels des wundersam erleuchtenden Buddha-Geistes."

Zazen und Sutrenlesen

Ein Mönch fragte: „Meine Übung besteht aus dem Lesen der Sutren und Zazen. Ich halte das für verdienstvoll. Sollte ich nun damit aufhören, weil diese Praxis sinnlos ist?"

Bankei antwortete: „Zazen und Sutrenlesen sind in Ordnung. Zazen ist etwas, dass alle, die Wasser aus Shakyamunis Fluss trinken, praktizieren und nicht geringschätzen sollten. Die Kôan von Bodhidharmas Wandanstarren, Tokusans Aufgeben der Sutren, Guteis erhobenem Finger und Rinzais ‚*katsu!*' wollen dir alle helfen, selbst den einen ungeborenen Buddha-Geist zu erfahren. Wenn du von selbst den Gesang eines Vogels erkennst, dann ist es der wundersam erleuchtende Buddha-Geist, der hört, verweile also darin und praktiziere genauso Zazen und das Sutrenlesen, ohne jede Absicht."

Die drei üblen Reiche

Bankei sagte: „Von einem Tag werden zwei Drittel durch das Ungeborene bewältigt, auch wenn ihr glaubt, es läge an eurer Klugheit und Unterscheidung. Für das restliche Drittel tauscht ihr den Buddha-Geist gegen Gedanken ein und hängt euch an die Dinge, die euch begegnen, wodurch ihr in diesem Leben kämpfende Dämonen, wilde Tiere und hungrige Geister erzeugt. Denkt bloß nicht, diese drei üblen Reiche entstünden erst nach eurem Tod.“

II. Unterweisungen (hogo)

Der aufbrausende Bauer

Ein Bauer fragte: „Ich bin von aufbrausender Natur und werde leicht wütend. Als Farmer bin ich ganz mit meinen Aufgaben beschäftigt, es ist schwer für mich, das Ungeborene zu verwirklichen. Wie kann es mir dennoch gelingen?"

Bankei antwortete: „Jeder hat von Natur aus den ungeborenen Buddha-Geist, es kann also nicht sein, dass du jetzt zum ersten Mal damit in Einklang bist. Deine Arbeit als Farmer mit konzentriertem Geist zu verrichten bedeutet, den ungeborenen Geist zu praktizieren. Wenn du mit deiner Hacke am Arbeiten bist, kannst du da nicht gleichzeitig mit jemandem reden, ohne das Hacken aufzugeben? Weder stört das Reden dein Hacken noch umgekehrt. Selbst wenn du wütend bist, kannst du noch arbeiten, doch da Ärger eine Ursache dafür ist, ein Höllenbewohner zu werden, wird deine Arbeit dann zu einer schwierigen und leidvollen Angelegenheit. Betreibst du dein Hacken ohne solche Täuschungen wie diese Wut, wird dir die Arbeit dagegen leicht und freudig von der Hand gehen. Dies ist die Praxis des Buddha-Geistes und des Ungeborenen und Unvergänglichen."

Schmerzvolle Praxis

Ein Mönch fragte: „Ich habe gehört, dass die alten Meister große Erleuchtung erlangten, indem sie schmerzvolle und schwierige Übungen auf sich nahmen, und das dies auch für heutige Meister gilt. Ich kann mich nicht mit dem Gedanken anfreunden, dass jemand wie ich den ungeborenen Buddha-

Geist verwirklicht, da ich weder religiöse Praktiken vollziehe noch Erleuchtung erlangt habe."

Bankei antwortete: „Nehmen wir an, eine Gruppe Reisender überquert hohe Berge. Sie kommt durstig an einer Stelle an, wo es kein Wasser gibt, und einer von ihnen begibt sich in einem nahegelegenen Tal auf die Suche danach. Schließlich wird er fündig und kehrt zu seinen Kameraden zurück, um ihnen zu trinken zu geben. Ohne dass sie selbst eine Anstrengung unternommen hätten, können auch die anderen nun ihren Durst stillen, nicht wahr? Wer aber Zweifel hegt und sich weigert, dieses Wasser zu trinken, der wird durstig bleiben.

Weil ich keinen klarsichtigen Menschen traf, ging ich in die Irre und gab mich anstrengenden Übungen hin, bis ich schließlich den Buddha in meinem eigenen Geist freilegte. Wenn ich euch heute also sage, ihr könntet den Buddha auch ohne schmerzvolle Praxis in eurem Geist enthüllen, dann seid ihr wie die Reisenden, die ihren Durst stillen konnten, ohne selbst nach Wasser gesucht zu haben. Nutzt den Buddha-Geist so, wie er ist, und erlangt Geistesfrieden ohne täuschende schwierige Praktiken. Das ist die wahre Lehre."

Kindespflicht

Eine Nonne aus Izumo fragte: „Meine Eltern leben beide noch, wie kann ich meine Kindespflicht ihnen gegenüber erfüllen?"

Bankei antwortete: „Dafür gibt es keine besondere Anweisung. Verweile einfach im Buddha-Geist, den du von Geburt an von deinen Eltern bekamst. Dies ist die wahre Übung der Loyalität den eigenen Eltern gegenüber."

Gut und böse

Bankei sprach: „Bei allen Handlungen, beim Gehen, Stehen, Sitzen, Liegen, Essen, Schlafen usw. verweile im Buddha-Geist. Tue das Gute, lasse das Böse, aber verabscheue das Böse nicht und brüste dich nicht deiner guten Taten, denn der Buddha-Geist wirkt jenseits von Gut und Böse. Handle in völliger Freiheit gemäß den Umständen, und lass den Dingen ihren Lauf."

Der Fluss der Gedanken

Ein Laie fragte: „Ich zweifle nicht daran, dass ursprünglich keine täuschenden Gedanken existieren. Doch da mein eigener Gedankenfluss nie abreißt, kann ich nicht das Ungeborene verwirklichen."

Bankei antwortete: „Als du in diese Welt kamst, gab es nur den ungeborenen Buddha-Geist. Beim Heranwachsen hast du die schlechten Angewohnheiten übernommen, die du beobachtet hast, und dich daran gewöhnt, getäuscht zu sein. Da aber ursprünglich in deinem Selbst keine Gedanken existieren, verschwinden diese, sobald der Geist seine eigene ungeborene Buddhaschaft bestätigt und Vertrauen in sie setzt. Es ist wie bei einem Alkoholiker, der krank wird, wenn er Wein trinkt. Wenn ihm nun Wein angeboten wird, dann möchte er ihn gern genießen, aber weil er ihn nicht trinkt, wird er weder krank noch betrunken. Er wird zum Abstinenzler, obwohl er noch Gedanken ans Trinken hegt, und so zu einem gesunden Mann. Das Gleiche gilt für täuschende Gedanken: Lässt du sie einfach auftauchen und vergehen, ohne sie anzunehmen oder abzulehnen, dann verschwinden sie im Nu im Geist des Ungeborenen."

Täuschende Gedanken

Ein Mönch fragte: „In Eurer Rede habt ihr behauptet, dass jeder von Geburt an den Buddha-Geist besitze. Wenn dem so wäre, wie könnten dann täuschende Gedanken überhaupt entstehen?"

Bankei erwiderte: „Welche täuschenden Gedanken sind denn da, genau jetzt, wo du dies sagst?"

Der Mönch warf sich drei Mal nieder und zog sich zurück.

Schlaf

Ein Laie fragte: „Ich kann verstehen, dass wir mittels des Ungeborenen sehen und hören. Doch wenn wir schlafen, sind wir uns ja nicht einmal der Person neben uns bewusst, also verlieren wir doch wohl die Wirkung des Ungeborenen?"

Bankei antwortete: „Da ist überhaupt kein Verlust. Du bist einfach nur eingeschlafen."

Wiedergeburt

Ein Mönch fragte: „Wenn jemand das Ungeborene verwirklicht hat, wird er dann, wenn sich die vier Elemente seines Körpers aufgelöst haben, wiedergeboren oder nicht?"

Bankei antwortete: „Im Ungeborenen ist die Frage nach Geburt oder Nicht-Geburt irrelevant."

Methoden

Ein Laie meinte: „Vor einigen Jahren habt Ihr mir geraten, meine Gedanken einfach entstehen und vergehen zu lassen. Obwohl ich Euren Rat befolgte, finde ich es immer noch schwer, meine Gedanken einfach so kommen und gehen zu lassen."

Bankei sagte: „Das liegt daran, dass du glaubst, es gäbe eine besondere Methode, die Gedanken von selbst entstehen und vergehen zu lassen."

Worte

Bankei sprach zur Mönchsversammlung: „Ihr alle solltet den lebendigen, wirksamen Buddha-Geist verwirklichen! Hunderte Jahre lang haben Menschen in China wie in Japan die Zen-Lehre missverstanden, indem sie durch Zazen Erleuchtung suchten oder denjenigen zu finden trachteten, ‚der sieht und hört'. Zazen ist nur ein anderer Name für den ursprünglichen Geist, es bedeutet, in Stille mit einem stillen Geist zu sitzen. Wenn ihr Sitzmeditation macht, dann sitzt ihr einfach, bei der Gehmeditation geht ihr einfach, so wie ihr seid. Selbst wenn euer Mund groß genug wäre, Himmel und Erde zu verschlucken, könnte der Buddhismus nicht mit Worten ausgedrückt werden. Wer darüber spricht, der blendet meist nur die Zuhörer."

Dorfvorsteher Kantaro

Einmal hielt sich der Meister im Kannon-Tempel in Kiyodani im Bezirk Kita der Provinz Iyo auf. Der Dorfvorsteher Kantaro aus dem nahegelegenen Utsu kam regelmäßig zum Studium bei ihm vorbei. Kantaro versuchte zuweilen, den Meister mit schwierigen Fragen zu überrumpeln, doch Bankeis scharfe und durchdringende Antworten waren jenseits seiner Fähigkeiten.

Eines Tages begab sich Kantaro wieder einmal nach Kiyodani und wurde von Yoshino Yojizaemon begleitet. Auf dem Weg meinte er zu diesem: „Wann immer ich den Meister aufsuche, fragt er: ‚Kantaro, bist du da?' Wenn er das heute wieder tut, werde ich sagen: ‚Wer könnte dieser Kerl wohl sein?'"

Als die beiden eintrafen, grüßte der Meister Yoshino, sagte aber nichts zu Kantaro. Nach einer Weile meinte dieser: „Ist mit Euch alles in Ordnung?" Bankei erwiderte: „Wer könnte dieser Kerl wohl sein?" Kantaro bat verblüfft um Entschuldigung.

Vor der Unterscheidung

Der Mönch Josen bemerkte: „Zuletzt hatte ich das Gefühl, mein Geist sei weit und grenzenlos wie der Himmel, ohne irgendwo anzuhaften. Ich dachte, das müsse es sein, doch dann überlegte ich, dass ich dort besser nicht verweilen sollte."

Bankei sagte: „Das ist deine Art der Unterscheidung. Erkenne, was vor der Unterscheidung liegt."

Der Tod eines Kindes

Eine Frau sagte: „Ich leide unter dem Tod meines Kindes. Wenn ich ein anderes Kind in seinem Alter sehe, erinnert es mich an ihn, und mir kommen alle möglichen Gedanken."

Bankei sagte: „Wenn du so etwas erinnerst, dann hast du selbst aktiv dazu beigetragen. Im ursprünglichen Geist gibt es keinerlei Täuschungen. Wenn du darin verweilst, wirst du deine ursprüngliche Freiheit wiedergewinnen."

Sein und Nicht-Sein

Ein Mönch erklärte: „Es ist nicht im Sein, es ist nicht im Nicht-Sein, es ist nicht in absoluter Leere."

Bankei fragte: „Wo ist es genau in diesem Moment?"

Verblüfft zog sich der Mönch zurück.

Verständnisfragen

Einige Mönche wollten dem Meister ihr Verständnis zeigen. Einer unter ihnen schwieg. Bankei fragte: „Wie steht es mit dir?" Der Mönch sagte: Wenn ich hungrig bin, esse ich; wenn ich durstig bin, trinke ich; wenn mir kalt ist, ziehe ich Kleidung an. Darüber hinaus gibt es nichts."

Bankei sagte: „Nun, dann kannst du sicher einschätzen, wie es ums Verständnis der hier Anwesenden bestellt ist."

Der Mönch bejahte dies. Bankei bat ihn um Erläuterung.

Der Mönch forderte: „Zeigt mir mein Verständnis!"

Bankei erwiderte: „Alles, was wir besprochen haben, zeigt dein Verständnis."

Da warf sich der Mönch drei Mal nieder und ging fort.

Wohin man geht

Ein Laie fragte: „Wenn man ein Buddha wird, wohin geht man dann?"

Bankei antwortete: „Wenn du ein Buddha wirst, gibt es überhaupt keinen Ort, an den du gehen könntest. Du füllst das weite Universum bis an seine Grenzen aus. Wirst du aber irgendetwas anderes als ein Buddha, dann gibt es viele Orte, an die du gehen kannst."

Geschickte Mittel

Ein Mönch fragte: „Liegt Verdienst in der Praxis des Zazen?"

Bankei antwortete: „Man soll Zazen nicht verachten, genauso wenig wie das Rezitieren von Sutren, Niederwerfungen und dergleichen. Tokusan gebrauchte den Stock, Rinzai rief ‚*katsu!*', Gutei erhob den Finger, Bodhidharma saß vor der Wand. Dies waren die unterschiedlichen geschickten Mittel der alten Meister, die sie ihren jeweiligen Schülern anpassten. Von vornherein hat es aber keine festen Regeln gegeben. Wenn man solche zeitweiligen Mittel als unverrückbare Lehren ansieht, dann blendet man sich selbst."

Direktes Zeigen

Bankei sprach: „Ich lehre kein Kôan-Studium und gebe nicht die Erleuchtung als Ziel aus. Auch auf die Worte der Buddhas und Patriarchen verlasse ich mich nicht. Ich zeige nur direkt auf die Dinge, es gibt also nichts, woran man sich festhalten kann. Darum wird kaum jemand meine Lehre annehmen wollen. Doch selbst wenn es niemand täte, wäre sie wie eine goldene Kugel, die in Einzelteile zerschmettert wird. Jeder, der auch nur ein Stück davon abbekommt, wird daraus Nutzen ziehen."

Menschen durchschauen

Ein Laie fragte: „Ich hörte, der Meister kann den Geist der Menschen durchschauen. Was denke ich denn gerade jetzt?"

Bankei antwortete: „Du denkst genau dies."

Erschrecken

Ein Laie fragte: „Ich erschrecke manchmal bei plötzlichen Geräuschen, wie zum Beispiel Donnerschlägen. Wie kann ich mich davor schützen?"

Bankei antwortete: „Es ist in Ordnung, so zu reagieren. Wenn du dich davor schützen willst, erzeugst du Dualismus."

Stock und Schrei

Ein Mönch fragte: „Tokusan verwendete seinen Stock, Rinzai den Schrei; so war das bei allen alten Meistern. Ihr aber nutzt nichts davon. Wie kommt das?"

Bankei antwortete: „Tokusan und Rinzai wussten, wie sie den Stock und den Schrei einzusetzen hatten. Ich weiß, was ich mit den acht Zentimetern meiner Zunge machen muss."

Die Mittel der Alten

Ein anderer Mönch fragte: „Meister wie Engo [Yuanwu Keqin, 1063-1135] und Daie [Dahui Zonggao, 1089-1163] verwendeten Kôan, um ihre Schüler zu unterrichten. Warum macht Ihr keinen Gebrauch davon?"

Bankei erwiderte: „Wie steht es mit den Zen-Lehrern vor Daie und Engo, haben sie Kôan benutzt?"

Der große Zweifel

Ein Mönch fragte: „Die alten Meister erklärten, mit großem Zweifel würde man große Erleuchtung erfahren. Warum macht ihr keinen Gebrauch von dieser Lehre?"

Bankei antwortete: „Vor langer Zeit wurde Nangaku [Nanyue Huairang, 677-744] vom sechsten Patriarchen gefragt: ‚Was ist es, was auf diese Weise kommt?‘ Nangaku war perplex und dachte acht Jahre darüber nach, ehe er antwortete: ‚Sobald du von etwas sprichst, verfehlst du den Kern.‘ Das ist der wahre große Zweifel und die wahre große Erleuchtung.

Verliert ein Mönch zum Beispiel seine Robe *(kesa)* und sucht dann fortwährend danach, ohne sie aus dem Kopf zu bekommen, dann ist dies echter Zweifel. Heutzutage hegen die Menschen jedoch Zweifel nur deshalb, weil es die alten Meister getan haben sollen. Es handelt sich also um eine Art Nachahmungszweifel; weil er nicht echt ist, werden sie kein Erwachen erleben. Es ist, als würden sie überall nach etwas suchen, das sie nie verloren haben.“

Buddha

Als der Meister sich im Gyokuryuji in Mino aufhielt, trat ein Laie hervor, gab einen Schrei von sich und fragte: „Ist dies der Buddha?“

Bankei ergriff seinen Fächer und drückte ihn gegen den Kopf des anderen: „Weißt du, was dies ist?“

Der Laie sagte: „Dies ist Buddha.“

Daraufhin stieß Bankei ihm mit dem Fächer ans Kinn: „Du kennst nur den Namen Buddha.“

Verblüfft zog sich der Laie zurück.

Der Kesselflicker

Ein Laie sagte: „Ich stelle Töpfe und Kessel her, aber acht von zehn haben Löcher, die ich dann verberge und behaupte, alles sei in Ordnung. Das belastet mein Gewissen. Ist das ein Verbrechen?“

Bankei fragte: „Bist du der einzige, der das macht?“

Der Laie antwortete: „Nein, alle anderen machen‘s genauso.“

Bankei fragte weiter: „Verkaufst du deine Waren nachts?“

Der Laie antwortete: „Nein, am helllichten Tag.“

Bankei sagte: „Die Menschen, die deine Sachen kauften, taten es doch mit offenen Augen. Würdest du nachts mit beschädigter Ware handeln und sie als vollkommen anpreisen, dann wäre das kriminell, doch am Tage sollten die Kunden von selbst darauf kommen, keine beschädigte Ware zu erwerben.“

Chozen

Chozen war der Vater eines Mönchs und Dorfvorsteher von Taima gewesen; er lebte nun im Ruhestand. Viele Jahre lang hatte er Zen unter dem Ôbaku-Meister Ryukei studiert. Oft besuchte er auch Bankei im Kanzanji, aber weil sich beide so gut kannten, hatte der Meister nie sein Verständnis überprüft. Als sich Bankei nun im Jizôji in Kyoto aufhielt, suchte ihn Chozen erneut auf. Nun fragte Bankei: „Wie steht es eigentlich mit deiner Praxis?“

Chozen antwortete: „Ich habe meine Praxis auf ungewöhnliche Weise vollendet: Ich esse regelmäßig Fisch und Fleisch, trinke Wein, spiele *go*. Ich gehe schlafen, stehe auf – meine Welt ist frei und leicht und ohne Hindernis.“

Bankei: „Dann lass dir von meinem Zen-Stil erzählen." Es heißt, Chozen hätte in der folgenden Nacht kein Auge zugetan.

Da Bankei am nächsten Tag einem anderen Meister die Aufwartung machte und erst am folgenden Abend zurückkehrte, begab sich Chozen sogleich in dessen Zimmer und warf sich drei Mal nieder.

Bankei legte respektvoll die Handflächen aneinander und sagte: „Ich nehme diese Niederwerfungen an, die das ständige Beachten religiöser Enthaltsamkeit bestätigen. So muss es sein, wenn jemand Zuflucht zum Buddhadharma nimmt."

Da warf sich Chozen noch drei Mal nieder.

Bankei sagte: „Ich erkenne die Niederwerfungen an, die die Abstinenz vom Wein bestätigen. Auch so muss es sein, denn die Regel wurde von Buddha begründet."

Chozen sagte: „Ihr wurdet stets als klaräugiger Lehrer gepriesen, aber ich hatte meine Zweifel. Ich hätte nie gedacht, dass es heute noch einen Lehrer wie Euch gibt." Unter Tränen wurde er zum Schüler Bankeis.

Als er später im Kanzanji zusammen mit seinem Sohn Jiton auf Bankei traf, sagte der Sohn: „Dank Eurer Unterweisung ist Chozen zu einem völlig freien Menschen in seinen Alltagshandlungen geworden."

Bankei erwiderte: „Die Menschen schätzen Erleuchtung hoch, doch Chozen hatte das Glück, sie zu zerstören."

Der Abt der Lotus-Schule

Während einer Winterübungsperiode im Sanyûji in Bizen versammelten sich Laien und Mönche in großer Zahl, darunter auch der Abt eines Tempels der Lotus-Schule, der als sehr gelehrt galt und von seinen Anhängern verehrt wurde. Weil diese nun aber alle zu einem Vortrag Bankeis gegangen waren, folgte er ihnen, um dem Meister eine schwierige Frage und ihn so bloß zu stellen. Inmitten des Vortrags von Bankei rief er dann: „Alle hier scheinen deiner Lehre zu glauben. Ich jedoch tue dies nicht. Wie kannst du einen wie mich retten?"

Bankei erhob seinen Fächer und sagte: „Tritt vor."

Der Abt trat nach vorn.

Bankei sagte: „Noch ein bisschen näher."

Der Abt kam näher.

Bankei sagte: „Wie gut du doch annimmst, was ich sage!"

Da zog der überraschte Abt ohne ein weiteres Wort von dannen.

Die Klarheit des Dharma-Auges

Bankei sprach: „Die Wahrheit, die ich mit sechsundzwanzig Jahren in Klausur entdeckte und wegen der ich Daozhe aufsuchte und von ihm Bestätigung erhielt, ist heute noch die gleiche wie damals. Was aber das Durchdringen der großen Wahrheit des Buddhismus mit der vollkommenen Klarheit des Dharma-Auges und die Verwirklichung absoluter Freiheit angeht, gibt es zwischen der Zeit, in der ich Daozhe traf, und heute einen himmelweiten Unterschied. Ihr müsst alle daran glauben, dass so etwas geschehen kann."

Da fragte jemand: „Wird diese vollkommene Klarheit des Dharma-Auges mit der Zeit vollständig verwirklicht? Oder erlangt man sie auf einen Schlag?"

Bankei antwortete: „Es ist keine Frage einer bestimmten Zeitspanne. Wann das Auge des Weges klar und ohne jegliche Trübung ist, werdet ihr es vollständig verwirklicht haben, weil ihr ernsthaft und konzentriert praktiziert habt."

Gerüchte

Bei einem Vorfall während einer Übungsperiode im Ryômonji wurde Geld gestohlen. Ein Mönch berichtete Bankei: „Dem Mönch, der neben mir saß, kam sein Reisegeld abhanden, und er verdächtigte mich. Das Gerücht hat sich nun in der ganzen Versammlung verbreitet, darum bitte ich Euch um eine Untersuchung des Sachverhaltes."

Bankei fragte: „Hast du etwas gestohlen?"

Der Mönch verneinte.

Bankei meinte: „Dann ist alles in Ordnung."

Doch der Mönch warf ein: „Bei diesem Treffen sind Mönche aus ganz Japan versammelt, und ich befürchte, dass mir im ganzen Land ein schlechter Ruf vorauseilen wird, wenn die Sache nicht geklärt wird."

Bankei sagte: „Wenn wir eine Untersuchung beginnen, dann muss der Schuldige vortreten. Ist das in Ordnung?"

Da wurde es dem Mönch klar: „Ich bin es, der die größte Schamlosigkeit an den Tag legte und der nur an sich dachte." Mit Tränen der Dankbarkeit in den Augen zog er sich zurück.

Schlechtes Benehmen im Tempel

Als Bankei sich in Klausur im Jizôji befand, sandte der Priester Sekimon aus dem Ryômonji den Mönch Tenkyu zu ihm, um folgende Nachricht zu überbringen: „Hier im Ryûmonji gibt es eine Anzahl Novizen, die ihre Pflichten vernachlässigt, sich rüde benimmt und die Etikette des Tempels verletzt. Ich dachte, es wäre besser, sie in andere Tempel zu schicken, damit sie sich zu benehmen lernen, und frage Euch nach Eurer Ansicht."

Da rief Bankei einige seiner Schüler zusammen und ließ folgendes von ihnen ausrichten: „Was man als Zen-Tempel kennt wurde genau darum errichtet, dass boshafte Kerle wie diese zusammenkommen und durch persönlichen Kontakt zu guten Menschen gemacht werden können. Sie anderswo hinzuschicken, damit sie dort Unruhe stiften, zeugt von mangelndem Mitempfinden. Wenn so jemand zum Abt meines Tempels würde, wäre dies der Anfang vom Ende meiner Lehre."

Danach traute sich niemand mehr, Bankei das schlechte Benehmen von Mönchen zu berichten.

Halbherzigkeit

Als Bankei einmal eine Denkschrift abhanden gekommen war, ließ er die Mönche danach suchen. Zunächst fanden sie nichts, doch später tauchte sie dann doch auf. Bankei tadelte sie: „Hättet ihr von Beginn an richtig gesucht, wäre die Schrift schon aufgetaucht, selbst wenn ihr das Haus hättet einreißen müssen. Diese Schrift ist nicht so wichtig, aber wenn ihr mit einer solch halbherzigen Einstellung durchs Leben geht, werdet ihr auch nur halbe Menschen auf dem Weg des Dharma sein."

Das Letztgültige

Als der Mönch Zeshin nach jahrelanger Übung plötzlich erwachte und alles vergaß, was er wusste, schickte ihn der Abt eines nahen Tempels zu Bankei. Als er diesem sein Verständnis dargelegt hatte, forderte Bankei: „Das Letztgültige!" Doch Zeshin wusste nicht weiter, verbeugte sich drei Mal tief und fragte: „Gibt es denn ein Letztgültiges?" Bankei sagte: „Du weißt es nicht zu nutzen." Zeshin verbeugte sich erneut drei

Mal und fragte: „Wie kann man es nutzen?“ In diesem Augenblick sang ein Vogel. Bankei sagte: „Wenn der Vogel trällert, hörst du es.“ Zeshin wurde von Freude übermannt und warf sich drei Mal nieder. Bankei sagte: „Von nun an öffne nicht unnötig deinen Mund.“ Später bat die Mönchsgemeinschaft Zeshin, den Namen Daien anzunehmen.

Das Aufgeben der Sutren

Ein Mönch fragte: „Ist es hilfreich, die buddhistischen Sutren und die Aufzeichnungen der alten Meister zu lesen?“

Bankei antwortete: „Wenn du an den in den Sutren und Aufzeichnungen dargelegten Prinzipien haftest, blendest du dich selbst. Kommt aber die Zeit, wo du diese Prinzipien aufgeben kannst, und du liest dann die Schriften, wirst du darin die Bestätigung deiner Verwirklichung finden.“

[An den Gönner und Freund aus Kindheitstagen Sasaki Nobutsugu (1625-1686), im Jahr 1642]

Zuletzt hatte ich viel Arbeit, erlaube mir aber diese kurze Nachricht. Ich hoffe, bei dir ist alles in Ordnung. Ich selbst fühle mich gut und will diesen Frühling nach Edo reisen, um mich dort vielleicht in die Berge zurückzuziehen. Was die akademischen Studien angeht, habe ich bereits beschlossen, sie aufzugeben, auch wenn mir alle dazu rieten, sie wenigstens noch ein Jahr zugunsten des Dharma fortzuführen. Auf die eine oder andere Art hielten sie mich also zurück. Ich kann es mir aber nicht leisten, noch länger zu studieren. Um über die nächste Zeit zu kommen, würde ich es sehr zu schätzen wissen, wenn du mich finanziell unterstützen könntest. Nächsten Monat muss ich meine übliche Reise nach Akô zu Umpô machen, ich hoffe, das findet deine Aufmerksamkeit. Sonst gibt es nichts zu berichten.

Dein Diener Yôtaku

[An eine etwa zwanzigjährige Schülerin, im Jahr 1656]

Erlaube mir diese kurze Nachricht. Da deine Gedanken noch nicht zu einem Ende gekommen sind, unternimm bitte jede Anstrengung, um dein Vertrauen zu erwecken, vergiss Gedanken jeglicher Art, die Liebe zum Guten wie das Verachten des Bösen, das Wertschätzen der Buddhaschaft und der Erleuchtung, das Ablehnen der Täuschung usw. Wenn nichts in deinem Geist verbleibt, ist deine religiöse Praxis vollständig. Und wenn dir dies bald gelingt, kann ich dir meine Bestätigung geben. Indem du beharrlich dein Vertrauen erweckst, wirst du den Täuschungen entkommen, und ich werde dies erkennen.

Hochachtungsvoll,
Bankei

[Brief an eine Schülerin, die später Nonne wurde, um 1664]

Ich kann mir vorstellen, dass du dich ernsthaft um deine religiöse Praxis bemühst. Doch dein ständiger Wunsch, Erleuchtung zu erlangen, verwirrt dich nur, du musst diese Einstellung aufgeben und ohne jedes Unterscheiden oder spezifisches Verständnis sein. Du darfst die auftauchenden Gedanken nicht hassen und nicht anhalten. Erkenne einfach, dass unser ursprünglicher Geist von Anfang an jenseits der Gedanken ist, und lass dich nicht in diese verwickeln. Erleuchte den ursprünglichen Geist, mehr ist nicht nötig. Hänge dich nicht an aufkommende Gedanken, ob sie vom Buddhismus oder weltlichen Angelegenheiten handeln, dich oder andere betreffen, sondern lass sie einfach von selbst entstehen und vergehen, dann stimmst du mit dem ursprünglichen Geist auf natürliche Weise überein. Gedanken sind eine vorübergehende Reaktion auf das, was du siehst und hörst, sie haben keine eigene wirkliche Existenz. Vertraue darin, dass der ursprüngliche Geist, der verwirklicht wird, und dasjenige, was ihn verwirklicht, nicht verschieden sind. Falls du weitere Fragen hast, scheue dich nicht, sie zu stellen.

Hochachtungsvoll,
Bankei

[Auszüge aus einem Brief an eine alte Zofe in einem Samurai-Clan, ca. 1675, an deren Herrin gerichtet]

Auch ich bin alt und kränklich und werde sie wohl nicht mehr treffen können. Da sie sich aber aufrichtig dem Dharma widmet, bin ich sicher, dass sie das Prinzip ursprünglicher Buddhaschaft erhellen wird und zu der Art von Mensch wird, die sich nicht auf die Kraft anderer verlässt. Der Dharma ist ja nichts, was man von anderen lernen könnte, es würde ihr also nichts nutzen, mich zu sehen. Bitte übergeben Sie ihr meine Botschaft.

Da sie nun alt und auf den Tod vorbereitet ist, wäre es passend, wenn sie eine siebenteilige Robe *(kesa)* nähen würde. Es heißt ja: „Wenn du in die Heimat zurückkehrst, kleide dich in Brokat." Doch noch so viel Brokat reicht nicht an eine Robe heran, also richtet ihr bitte aus, sie solle eine siebenteilige *kesa* tragen, wenn es soweit ist.

Zum Zeitpunkt des Sterbens ist kein besonderer Geisteszustand vonnöten. Man begegnet ihm einfach mit dem üblichen Geist des Zazen. Jedermanns Geist ist der Buddha-Geist und ursprünglich erleuchtet, er wird weder geboren noch stirbt er, er bedeutet ewige unwandelbare Buddhaschaft. Es geht nicht darum, zum ersten Mal ein Buddha zu werden, da man von Anfang an einer war. Darum ist es besser, statt auf den spirituellen Rat anderer zu hören, den eigenen unmittelbaren gewöhnlichen Geist zu betrachten. Bitte richtet ihr das aus, und bedenkt, dass es auch für Euch und alle anderen gilt.

Hochachtungsvoll,
Bankei

[Anweisungen an den Laien Gessô (Katô Yasuoki), der ein Daimyô, Unterstützer Bankeis und Kampfkunstexperte für die japanische Lanze *(yari)* war]

Wenn du bei deinen Bewegungen mit Nicht-Geist agierst, werden sie sich von selbst ergeben. Ändert sich dein *ki* (Energiefluss), dann auch deine physische Form. Wenn du von Gewalt fortgerissen wirst, bedeutet das, du verlässt dich auf dein (Ego-)Selbst. Verborgene Absichten zu haben ist auch nicht im Einklang mit dem Natürlichen. Handelst du absichtsvoll, bist du an Gedanken gebunden. Der Gegner kann dann die Richtung deines *ki* erkennen. Solltest du deinen Stand durch willentliche Anstrengung stabilisieren wollen, wird dein *ki* zerstreut und du womöglich sorglos. Willentlich zu handeln bedeutet, das intuitive Reagieren zu blockieren, wie kann dann der spiegelnde Geist erscheinen?

Ohne Denken und absichtsvolles Handeln manifestiere stattdessen das Ungeborene, dann wirst du keine festgelegte Form haben. Ohne festgelegte Form wirst du keinen Gegner im ganzen Land finden. Halte an nichts fest, verlasse dich auf nichts, es gibt weder dich noch den Gegner. Was auch immer geschieht, antworte, ohne Spuren zu hinterlassen.

Himmel und Erde sind weit, doch außerhalb des Geistes gibt es nichts zu suchen. Wenn du aber getäuscht wirst, ist der Geist dein Gegner. Jenseits des Geistes gibt es keine Kampfkunst.

IV. Legenden

[Die folgenden Geschichten stammen aus den Sammlungen von Daitei Zenkei und Sandô Chijô (siehe Literaturhinweise).]

Die Poststation

Während Bankei auf seiner traditionellen vierjährigen Zen-Pilgerreise *(angya)* war, gelangte er an die Poststation von Seki in Mino. Erschöpft vom Wandern wollte er ein Postpferd zur Weiterreise nutzen. Als jedoch eine wertvolle Ladung mit Handelsgütern eintraf, überkam den Pferdetreiber die Gier, und er zog Bankei rüde aus dem Sattel, um die Güter darauf zu platzieren. Dann machte er sich davon.

Bankei saß mit gekreuzten Beinen unter der Dachtraufe der Station und wirkte niedergeschlagen. Der Poststellenleiter versuchte ihn zu trösten und fragte: „Mönch, seid Ihr wütend?"

Bankei antwortete: „Wegen der einen großen Angelegenheit habe ich mich gegen meine Eltern gestellt und mein Zuhause verlassen. Nun habe ich mich über eine einzige Kleinigkeit aufgeregt. Wie ich das bedaure!" Dann stand er auf und ging.

Über dieses Ereignis pflegte Bankei zu sagen: „Von diesem Moment an habe ich die Wurzeln des Ärgers durchtrennt."

Als er später zum Lehren in diese Gegend kam und die Poststation passierte, versammelten sich die Anwohner, um ihm ihren Respekt zu bezeugen. Ein Mann namens Seishichi, der dort arbeitete, errichtete ihm sogar eine Hütte. Ihre Spuren findet man noch heute.

Der Bootsmann

Auf seiner Pilgerreise traf Bankei auch auf einen Fährmann. Außer ihm war kein anderer an Bord. Der Fährmann ruderte ans Ufer und begann verstohlen wie ein Dieb Feuerholz auf dem Boot zu stapeln. Bankei fragte: „Hast du dafür bezahlt?" Doch der andere murmelte nur: „Mönch." Bankei beharrte: „Stiehlst du das etwa? Wenn dem so ist, dann töte mich zuerst, ansonsten kann ich dir nicht gestatten, ein Dieb zu sein." Auf diese Weise brachte Bankei den Fährmann zur Besinnung, und er stieß das Boot vom Ufer ab.

Das ausbrechende Pferd

Bankei lebte einst am Komagata-Schrein in Edo unter Bettlern. Einmal brach dort dem Verantwortlichen für die Stallungen des Fürsten Matsuura Shigenobu ein Pferd aus. Es raste durch die Gassen, konnte aber von niemandem aufgehalten werden. Bankei kommentierte: „Man kann dieses Pferd nicht aufhalten, weil Mensch und Pferd getrennt sind."

Der Verantwortliche berichtete seinem Fürsten davon, der sagte: „Wer außer Yotaku könnte schon solche Worte von sich geben?" Er entsandte jemanden, um seinen Verdacht zu bestätigen, lud Bankei zu sich ein und errichtete für ihn den Kôtô-an.

Die verschwundenen Münzen

Als Bankei in dürftigen Umständen in einem Dorf der Provinz Mino lebte, kamen ihm Dorfbewohner zu Hilfe und boten ihm Unterkünfte an. Zur gleichen Zeit vermisste der Dorfvorsteher einige Münzen und verdächtigte sofort Bankei des Diebstahls. Daraufhin ließ die Unterstützung für ihn nach.

Nach über einem Jahr entdeckte der Dorfvorsteher seine Münzen bei einem Besuch seines Schwiegersohnes und fand heraus, dass sie von dessen Frau gestohlen worden waren. Er rief Bankei herbei, bezeugte Reue und entschuldigte sich. Bankei erwiderte: „Sehr gut. Aber das hatte nichts mit mir zu tun. Ob du mich nun verdächtigt hast oder ich unter Verdacht stand, von Anfang an war da nichts dran. Das Ganze war nur das Ergebnis bestimmter Ansichten.“

Der Wolf

Als der Meister eines Abends nach Aboshi zurückkehrte, stand ihm ein Wolf mit weit aufgesperrtem Maul im Weg. Bankei erkannte, dass sich darin ein großer Knochen verkeilt hatte, griff hinein und entfernte diesen. Der Wolf ließ voller Freude seine Ohren hängen, wedelte mit dem Schwanz und trippelte davon. Wann auch immer Bankei danach diesen Weg ging, kam er jedoch wieder, um den Meister zu begleiten.

Die Einladung

Bankei befand sich in Ôzu, als er die Einladung eines niederen Beamten erhielt und annahm. Kurz darauf lud ihn jedoch auch der Daimyô der Provinz zum gleichen Termin ein. Der Meister sagte ihm wegen seiner ersten Zusage ab. Die Leute hatten Angst vor einer heftigen Reaktion des Daimyô, doch Bankei meinte: „Wie könnte ich meinen Geist in hoch- und niederrangig aufteilen? Zumal der andere seit Tagen Vorbereitungen treffen, kochen und saubermachen dürfte. Der Daimyô kann mit so etwas viel entspannter umgehen." Als der Daimyô davon hörte, war er tief beeindruckt.

Das Paradies

Ein Mönch fragte: „Ihr lehrt stets, dass die Welten von Himmel und Hölle, hungrigen Geistern und kämpfenden Dämonen nur im Geist bestünden und nicht außerhalb. In den Sutren ist aber davon die Rede, dass man Richtung Westen durch eine Milliarde Buddha-Länder reisend auf ein Paradies stoßen würde, das den Buddha Amida manifestierte. Lügt der Buddha etwa?"

Bankei erwiderte: „Wer hat diese Richtung festgelegt?"

Weihrauchstäbchen

Ein Mönch fragte: „Als Ihr Euch ganz auf Zazen konzentriertet, wie viele Weihrauchstäbchen habt ihr da am Tag und in der Nacht verbrannt?"

Bankei antwortete: „Als ich die ganze Zeit über in Zazen saß, zählte ich sie nicht. Ich betrachtete ein Weihrauchstäbchen als einen Tag, und eines als eine Nacht."

Rohes Benehmen

Unter den Schülern des Meisters war einer namens Soen, an dessen Verhalten an sich nichts auszusetzen war und der im Dharma als bewandert galt. Doch Bankei ermahnte ihn stets wegen dessen aggressiver Offenheit. Schließlich verwies er ihn des Tempels. Soen kehrte des Öfteren zurück und bat um Vergebung. Die anderen dachten, dass der Meister ihn so erziehen wolle.

Schließlich weilte Soen wieder während einer großen Übungsperiode im Ryûmonji, wurde aber sehr krank und war dem Tode nahe. Bankei suchte ihn im Krankenzimmer *(enjudô)* auf und sagte: „Meister! Jeder Tag deines Lebens ist dazu da, anderen zu dienen." Soen nickte und verschied. Erst da verstanden die Mönche, wie groß Bankeis Mitempfinden war.

Die laufende Nase

Wenn der Laie Gessô wütend wurde, lief ihm die Nase. Er befragte den Meister dazu. Dieser meinte: „Ist der Rotz denn von Tränen verschieden?"

Danach konnte man dem Laien nicht mehr ansehen, ob er wütend oder erfreut war.

Der Zwanghafte

Unter Bankeis Schülern war einer, der penibel alle Reisreste in der Schälmühle und alles Grünzeug aus dem Fluss sammelte. Auch die Lagerräume und Korridore suchte er nach verwertbaren Überbleibseln ab. Bankei untersagte es ihm, doch es änderte sich nichts, so dass er ihn des Tempels verwies. Auch die Fürsprache eines anderen Mönches nutzte nichts. Nach vielen Jahren wurde der penible Mönch jedoch wieder in die Tempelgemeinschaft aufgenommen. Lächelnd begegnete ihm Bankei und sagte: „Ich habe dich eine Weile nicht gesehen. Mann, bist du alt geworden!" Das Mitempfinden des Meisters hatte sich nicht geändert.

Der Fächer des Samurai

Ein Samurai suchte den Meister auf, hielt seinen Fächer in die Höhe und sagte: „Im Reich des Seins nennt man dies einen Fächer, doch ursprünglich ist er nicht-existent. Weißt du, was dies in dem Moment ist, wenn es Form annimmt?" Bankei erwiderte: „Ich weiß." Der Samurai bat um Erläuterung. Bankei sagte: „Ich weiß, dass ich nichts weiß." Der Samurai seufzte bewundernd: „Konfuzius selbst sagte: ‚Wissen bedeutet auch, zu sagen, dass man etwas nicht weiß, wenn man es nicht weiß.'" Bankei meinte: „Das trifft es gar nicht."

Die sieben Meditationskissen

Jingen Jishô (gest. 1689), der Abt des Kôdaiji, eines Tempels der Sôtô-Schule in Nagasaki, besuchte Bankei. Irgendwann sagte er: „Du lehrst direkt und klar, schneidest alle Sichtweisen ab und kümmerst dich nicht um religiöse Praktiken. Wie steht es aber um Chôkei [Eryô, 854-932, chin. Changqing Huileng] und seine sieben verschlissenen Meditationskissen?"

Bankei antwortete: „Du hast diese Geschichte falsch verstanden. Chôkei hat zwölf Jahre lang bei den Zen-Meistern Reiun Eshû, Seppô Gison und Gensha Shibi geübt und dabei sieben Kissen verschlissen. Dennoch erlebte er keinen Durchbruch. Eines Tages jedoch, als er den Bambusvorhang hochzog, erfuhr er plötzlich Erleuchtung und verfasste diese Verse: ‚Was für ein Unterschied! Den Bambusvorhang hochgerollt, sehe ich die Welt. Wenn mich jemand fragt, welche Lehre ich erfasst habe, dann nehm ich meinen Wedel und stopf ihm damit das Maul!' – Darüber solltest du noch einmal nachsinnen."

Der Schwertkampfmeister

Bei einem Vortrag Bankeis trat ein Meister der Kampfkunst vor und sagte: „Ich habe mich lange in der Schwertkunst geübt. Als ich das Wesentliche erfasst hatte, folgte meine Hand auf vollkommene Weise meinem Geist. Seitdem kann ich, noch bevor ich meine eigene Waffe ergriffen habe, Mark und Knochen meines Gegners durchdringen. Es ist wie bei Euch, der ihr das Dharma-Auge habt."

Bankei sagte: „Du hast es sicher weit gebracht in der Kampfkunst. Nun greife mich an!"

Der Samurai war verblüfft.

Bankei sagte: „Ich habe meinen Schlag erteilt."

Der Samurai verneigte sich ehrfurchtsvoll: „Euer Angriff ist schnell wie ein Blitz oder der Funken eines Feuersteins. Ihr habt mich übertroffen. Ich bitte euch demütig, mir die Essenz des Zen beizubringen."

Wenn Bankei in Edo war, suchten ihn stets viele Samurai der unterschiedlichen Schwertschulen auf.

Der Papierkauf

Einmal sandte Bankei einen Mönch zum Kauf von gutem Papier aus. Dieser hatte die Angewohnheit, alles genau abzuwägen, und so verglich er die zahlreichen Papiersorten, ehe er mit einer zum Meister zurückkehrte. „Nicht gut", meinte dieser und schickte ihn noch einmal los. Wieder grübelte der Mönch lange nach, welches Papier wohl das beste sei, und kam mit einem anderen zurück. „Immer noch nicht gut", sagte der Meister. Beim dritten Versuch erkannte der Mönch seinen Fehler und warf sich reuevoll vor Bankei nieder. Dieser sagte: „Das erste Papier, das du brachtest, war in Ordnung."

Der Konfuzianer

Ein Konfuzianer fragte: „Wenn alle Menschen in der Welt ordinierten und ihre Frauen und Kinder verließen, würde die menschliche Rasse doch aussterben, nicht wahr?"

Bankei erwiderte: „Lass uns so lange warten, bis sie ausgestorben ist, dann will ich dir antworten."

Die alte Kiefer

Als der Meister an der Stelle eines verlassenen Tempels den Kaiganji errichten wollte, blockierte eine alte Kiefer die Bauarbeiten. Alle wollten sie fällen, doch Bankei sagte: „Einen Tempel kann man wieder errichten, aber dieser Baum kann nicht so schnell wachsen. Lasst ihn leben!"

Altehrwürdige (wie Linji) pflanzten Bäume, um die Tempelgelände zu verschönern. Darum heißt es: „Der bezaubernde Anblick von Zen-Tempeln: Alte Mönche und betagte Bäume."

Der Wilde

Im Heimatdorf des Meisters lebte ein Bauer namens Hachiroemon. Er stand Bankei nahe und suchte ihn oft im Tempel auf. Sein Verhalten war so exzentrisch, dass die Leute auf ihn herabsahen. Doch es verwunderte sie auch, wie seltsam er mit dem Meister umging.

Eines Tages traf er auf Bankei, als dieser aus der Stadt kam, und fragte: „Ehrwürden, wohin des Weges?" Bankei sagte: „Ich bin auf dem Weg in dein Dorf." Hachiroemon fragte: „Nimmst du nicht Medizin gegen Magenschmerzen zu dir?" Bankei bejahte. Hachiroemon streckte seine Handfläche aus und sagte: „Ich bitte dich um etwas Geld für Medikamente."

Bankei spuckte ihm in die Hand, und beide lachten laut auf und gingen ihres Weges. So war das üblich zwischen ihnen, und niemand konnte sagen, welche Erkenntnis Hachiroemon hatte. Als er schließlich im Sterben lag, bettete er seinen Kopf in Bankeis Schoß …

Was bedeutet das schon: das alte Jahr, das neue Jahr?
Ich strecke meine Beine aus, habe allein einen ruhigen Schlaf.
Sagt nicht, die Mönche würden keine Lektionen erhalten:
Hier und dort singt die Nachtigall: das höchste Zen!

Im Frühling die Kirschblüten,
im Herbst das Herbstlaub.
Die verschiedenen Formen der Natur, so wie sie sind:
Worte des Dharma.

Gut ist schrecklich,
schlecht ist schrecklich,
und schrecklich ist ebenfalls schrecklich.
Die Dinge und Ereignisse
sind nur das Ergebnis der Umstände.
Der Buddha-Geist stimmt mit allen Umständen überein,
  doch weder entsteht noch vergeht er.
Die Weisen vergangener Zeiten priesen dies als Zazen.
Blinde nutzen ihre Sitzkissen ab,
  während sie auf Erleuchtung warten,
als wollten sie einen Spiegel machen,
  indem sie einen Ziegel polieren.

Das „Große Wirken“ manifestiert sich ohne feste Regeln,
begegnet jeder Situation nach ihrer Art,
  nie zu früh, nie zu spät,
stößt vor, zieht sich zurück, schreitet voran, weicht zurück –
  all dies findet jenseits des Bereichs der Gedanken statt.
Wenn du in Harmonie mit dem Buddha-Geist stehst,
  bewegen sich Arme und Beine von selbst.

Von Anbeginn kennt der Große Weg keinen Unterschied
  zwischen weltlich und überweltlich.
Lass Buddhismus und Konfuzianismus
  an ihre Quelle zurückkehren,
  und alle Unterschiede verschwinden.
Wenn du es direkt durchdringst, ohne Worte und Buchstaben,
dann kannst du vorwärts oder rückwärts gehen,
  und alles, was du tust, erzeugt eine belebende Brise.

Worten hinterherjagend, Phrasen verfolgend,
  wann wird es je genug sein?
Ihr macht euch selbst fertig,
  indem ihr Kenntnis anhäuft und über alles Bescheid wisst.
Die Selbst-Natur ist leer und erleuchtend,
  lasst die Dinge sich um sich selbst kümmern.
Ansonsten habe ich euch nichts zu geben.

Es reicht weiter als Vergangenheit und Gegenwart
  und durchdringt das gesamte Universum,
schaust du danach, kannst du es nicht finden,
  doch wenn du es rufst,
dann antwortet es mit einer saitenlosen Laute,
  einer lautlosen Melodie.
Das hat nichts damit zu tun, ob man Mönch oder Laie ist.

Nicht wütend, wenn misshandelt,
  nicht glücklich, wenn gepriesen:
ein großer Einfaltspinsel im Universum!
Mich an die Umstände anpassend,
  trägt es mich nach Nord, Süd, Ost und West,
ohne dass ich meine Hässlichkeit und mein Ungeschick
  dem Himmel und der Erde verbergen müsste.

Honshin no Uta („Lied vom ursprünglichen Buddha-Geist [Herz-Geist]“)

[Das „Lied vom Ursprünglichen Buddha-Geist“ hat viele Namen. Es ist auch als *Amagoi-uta* bekannt, ein „Gebet um Regen“, weil Bankei damit einst eine Dürre bekämpft haben soll. Andere nennen es *Odori-uta*, ein „Tanzlied“; Bankei soll es Kindern zur Instruktion hinterlassen haben. Wieder andere glauben darin ein „Mühlenlied“ *(Usuhiki-uta)* zu sehen, dass beim Mahlen von Getreide gesungen wurde.]

Ungeboren und unvergänglich
  ist ursprünglicher Buddha-Geist.
Erde, Wasser, Feuer, Wind
  zeitweise Bleibe für die Nacht.
Gebunden an dieses flüchtige, brennende Haus,
entzündest du selbst das Feuer und nährst die Flammen,
die dich verzehren.

Denk an die Zeit zurück, als du geboren wurdest:
Du kannst dich an nichts erinnern!
Halte den Buddha-Geist
  deines So-in-die-Welt-Kommens aufrecht,
und schon sind Körper und Geist ein lebender Tathâgata.

Gedanken daran, was gut und was schlecht ist,
sind nur von diesem deinen Selbst abhängig.
Im Winter bringt ein Lagerfeuer Freude,
doch zu welchem Ärger wird es im Sommer!
Selbst die Brisen, die du im Sommer liebtest,
werden schon zur Plage, bevor der Herbst vorbei ist.

Hast du Geld, schaust du auf die Armen herab –
schon vergessen, wie du selbst arm warst?
Das Geld, das du im Leben
  mit einem Dämonenherzen angesammelt hast,
wirst du mit Schrecken und Angst beäugen,
  weil es von hungrigen Geistern begehrt wird.
Dein ganzes Leben wirfst du weg im Durst nach Gold,
doch am Ende deines Lebens erkennst du:
  All dein Besitz war nutzlos.
Anhaften, Begehren und so fort –
  in meinem Geist sind sie nicht,
darum kann ich heute sagen: Die ganze Welt ist mein!

Dein Begehren nach der Geliebten
  existiert nur in der Gegenwart,
aufgrund der Vergangenheit, bevor du ihr begegnet bist.
Sich an jemanden erinnern heißt: Du kannst nicht vergessen.
Sich nicht an jemanden erinnern: Du hast niemals vergessen.

Denkst du an die Vergangenheit,
  kommt sie dir wie ein Abendtraum vor.
Erkenne dies und du weißt: Alles ist nur eine Lüge.

Wer vom Leben in der fließenden Welt des Leidens verbittert,
peinigt sich selbst und belastet seine Gedanken,
indem er über sinnlosen Träumen brütet.

Da letztlich diese fließende Welt unwirklich ist,
halte nicht in deinen Gedanken an den Dingen fest,
sondern gehe hin und singe!

Nur der ursprüngliche Buddha-Geist existiert
  in Vergangenheit und Zukunft,
die fließende Welt wird vergehen.
Nichts wird bleiben, überhaupt nichts.
Dies ist die Bedeutung von „lebendiger Tathâgata".

Den Dämonengeist hast du selbst erzeugt,
wenn er dich gnadenlos quält, bist nur du daran schuld.
Handelst du falsch, wird dein Geist zum Dämon,
es gibt keine Hölle außerhalb davon.

Die Hölle verabscheuen und sich nach dem Himmel sehnen,
heißt, in einer freudvollen Welt sich leiden zu machen.
Du denkst, es sei gut, das Böse zu hassen,
doch was böse ist, das ist der hassende Geist selbst.

Gutes, sagst du, heiße Gutes zu tun,
doch schlecht ist tatsächlich der Geist, der dies denkt!
Rolle Gut und Schlecht gleichermaßen zu einer Kugel,
wickle sie in Papier und wirf sie weg – vergiss sie!

Mysterien und Wunder – so was gibt es nicht!
Wenn du nicht verstehst, ist die Welt voller seltsamer Dinge.
Dies ist das Gespenst, das täuscht,
das uns die falsche Welt für wirklich halten lässt.

Ruhm, Reichtum, Essen und Trinken, Schlaf, Sinnesfreuden –
sobald du die fünf Begierden kennst,
  werden sie zum Führer in deinem Leben.

Vorstellungen davon, was einer tun sollte,
gab es von Anbeginn keine.
Darum zu kämpfen, was richtig und falsch ist,
ist das Tun des Ichs.

Wenn du dein Studium des Buddhismus beendest,
wirst du erkennen, dass du nichts Neues gewonnen hast.
Auch Erleuchtung und Täuschung gab es anfangs nicht,
es sind Ideen, die du aufgegriffen hast,
die deine Eltern aber nicht gebaren.

Heutzutage schere ich mich nicht darum,
die ganze Zeit erleuchtet zu sein.
Die Folge davon ist, dass ich morgens aufwache
und mich gut fühle!

Für das Heil der Welt zu beten,
oder für deine eigenen selbstsüchtigen Wünsche,
bedeutet nur, mehr und mehr Selbstzentriertheit
und Arroganz anzuhäufen.
Auch ich bin nun des Betens fürs Seelenheil müde,
ziehe nur gelassen umher, lasse den Atem kommen und gehen.

Stirb – dann lebe Tag und Nacht inmitten der Welt!
Tust du dies, kannst du die Welt in deinen Händen halten.

Es sind die Buddhas, die ich bedaure:
Bei all dem Schmuck, den sie tragen,
müssen sie ganz geblendet sein.

Es ist noch zu früh für dich,
ein Buddha im Tempelschrein zu werden.
Mach dich zum Deva-König*, der draußen vorm Tor steht!

Wenn du nach dem Reinen Land suchst
  und eine Belohnung für dich erstrebst,
wirst du dich am Ende von Buddha verachtet finden.

Die Menschen haben von Anbeginn keine Feinde,
du schaffst sie selbst, indem du um richtig und falsch kämpfst.
Klar sind die Wirkungsweisen von Ursache und Wirkung,
du aber wirst verwirrt und weißt nicht,
  dass du dir dies selbst zufügst:
  Man nennt es Selbstzentriertheit.

Hast du dich an die bedingte Welt gewöhnt,
  bist in der Welt der Vergänglichkeit groß geworden,
und lässt dich dennoch so täuschen,
dann bist du es, der den Kürzeren zieht.

Der unbedingte Geist ist ursprünglich ungeboren,
was bedingt ist, das existiert nicht,
  darum gibt es auch keine Täuschung.

Obgleich die Jahre voranschreiten,
  kann der Buddha-Geist selbst nicht altern.
Dieser Buddha-Geist, der stets derselbe ist:
Wunderbar! Fabelhaft!
Wenn du schließlich den gefunden hast, der niemals alt wird:
„Ich allein.“ **

Das reine Land, wo man in Frieden verkehrt,
ist *hier* und *jetzt*,
  es ist weder weit weg noch stundenlang fern.

Wenn jemand dir eine Teeschale zuwirft, fang sie auf!
Fang sie behände mit einem weichen Stoff,
  mit dem Stoff deines fähigen Buddha-Geistes!

* Wächtergottheit mit erschreckendem Gesichtsausdruck.

** Buddha soll nach seiner Geburt gesagt haben: „In Himmel und Erde bin *ich allein* verehrungswürdig.“

Literatur

Bankei hinterließ selbst keine Schriften und verbot offenbar auch Aufzeichnungen. Die Haiku-Dichterin Den Sutejo (Teikan; 1634-1698), die selbst in Bankeis Nähe einen Frauentempel errichtete, ist dafür mitverantwortlich, dass wir heute einiges über ihn wissen. Weitere Quellen sind: *Ryômonji shiryaku*, 1700 von Bankeis Schüler Genmon Eigin (gest. 1747) zusammengestellt; *Butchi Kôsai zenji hôgo*, von Itsuzan Sonin (1655-1734), dem engsten Schüler Bankeis in dessen vier letzten Lebensjahren im Jahre 1730 verfasst; *Zeigo*, geschrieben 1747 von Sandô Chijô, einem Dharma-Erben Bankeis; *Shôgen kokushi itsujijô* von Daitei Zenkei (gest. 1788), einem Lehrer in Bankeis Linie; und *Tomisusanshi*, gesammelt von Gottan Sobi, dem Abt des Nyohôji, im Jahr 1798.

Die gut dreißig Jahre alten dankenswerten englischen Bankei-Ausgaben von Norman Waddell (*The Unborn*, Northpoint 1984/2000) und Peter Haskel/Yoshito Hakeda (*Bankei Zen*, Grove Press 1985) litten ein wenig unter Wiederholungen, die der Meister seinerseits gern als didaktisches Mittel einsetzte („Wenn es wert ist, gehört zu werden, dann gilt das jedes Mal wieder.“). Wir legen hier einen kompakteren Extrakt seiner Lehre vor und haben Passagen, die inhaltlich zueinander passten, in Einzelfällen anders angeordnet.

Weitere Quellen

D. T. Suzuki (Hg.): *Bankei zenji goroku* (Tokio 1942)
Akao Ryuji (Hg.): *Bankei zenji zenshu* (Tokio 1970)
Fujimoto Tsuchishige: *Bankei zenji hogoshu* (Tokio 1971)
ders.: *Bankei kokushi no kenkyu* (Tokio 1971)
Akizuki Ryômin: *Zenmon no iryû:*
Bankei, Shôsan, Ryôkan, Ikkyû (Chikuma shobô 1992)
Yoshi Imajuku: *Fussho no Busshin:*
Bankei Zenji no Houwa kara Manabu (Amazon Kindle 2017)

„Die Krähen machen ‚kraah, kraah', die Spatzen ‚tschilp, tschilp', und auch ich habe nichts anderes zu sagen. Wenn ihr aber Fragen habt, nur zu!"